Kristina Hazler

Die Heilerin
und der Einweihungsweg

Eine wahre Geschichte

DIE HEILERIN

und der Einweihungsweg

Eine wahre Geschichte

Kristina Hazler

1. Auflage, 2017
© 2017 BewusstseinsAkademie, Wien
Alle Rechte vorbehalten.

Co-Autor: Erwin Hazler
Lektorat: BewusstseinsAkademie, Wien
Umschlaggestaltung: © BewusstseinsAkademie, Wien
Umschlagmotiv: © Bogdan Sonjachnyj/shutterstock
Printed in Germany by Amazon Distribution GmbH
ISBN: 978-3-903014-22-0

www.BewusstseinsAkademie.com

Das SelbstErkennen während des Lesens dieses Buches ist nicht zufällig, sondern möglich.

Es kommt die Zeit, wenn wir verstehen,

dass wir deswegen nicht verstehen,

weil wir noch nicht so weit sind um zu verstehen

und/oder dass es nichts zu verstehen,

sondern vor allem zu erfahren gibt.

– Kristina Hazler –

Inhalt

Vorwort	12
Teil 1 – DIE HEILERIN	
Die Heilerin	17
Begegnung	21
Anruf	29
Suche	33
Die Zeit ist reif	41
Erstes Date	47
Einweihung	55
Warnung	59
Dimensionswechsel	65
Kribbeln	79
Schwelle	87
Der Ruf	93
Teil 2 – DER MEISTER	
Der Meister	107
Erste Einweihung	117
Absicht	123
Heilenergie	129
Zweite Einweihung	133
Dritte Einweihung	143
Vierte Einweihung	153
Nachwort	163

Vorwort

Dies ist eine wahre Geschichte mit einem gänzlich subjektiven Inhalt. Ich erhebe keinen Anspruch auf Allgemeingültigkeit. Die Erzählung ereignete sich um die Jahrtausendwende, also rund um das Jahr 2000, eine Zeit, in der Sensibilisierung, Erwachen und Bewusstwerdung der kritischen Masse der Erdbevölkerung etwas noch sehr Entferntes schien. Und doch wer aufmerksam war, merkte/fühlte/registrierte die ersten Geburtswehen.

So ist mir klar, dass viele in diesem Buch beschriebene Phänomene für einige Leser aus der heutigen Sicht nicht mehr Neuland sind. Dadurch ist diese Geschichte, die nicht nur mir zugestoßen ist und auf mehreren Ebenen ablief, eher eine Art Rekapitulation der bewussten und unbewussten, offensichtlichen aber auch im Hintergrund laufenden Ereignisse.

Der Eine oder Andere wird sicherlich einen Teil seiner eigenen Geschichte darin finden, auch wenn in anderem Kleid gekleidet, unabhängig davon, ob sie sich schon vor längerer Zeit oder erst vor kurzem ereignete. Und das Schöne dabei, unsere persönliche (Lebens)Geschichte trägt uns dann jedes Mal ein Stück weiter, bzw. näher zu uns. Sie bleibt nicht stehen, sondern entwickelt sich sicher und behutsam mit uns, so wie wir uns entwickeln und entfalten. Ich wünsche viele einleuchtende Einblicke aber auch entspannende Momente beim Lesen!

Begegnen wir unserer eigenen Spiritualität dort,

wo und wie wir gerade sind,

und

öffnen uns dem,

was auf uns hier und jetzt

und nicht in weiter Ferne wartet.

Teil 1

DIE HEILERIN

Die Heilerin

Ich saß ein wenig unsicher mitten in einem kleinen, dürftig eingerichteten Raum auf einem hölzernen Stuhl ohne Lehne. Sie – die Heilerin – ging mit einer brennenden Kerze in der Hand um mich herum und machte ein besorgtes Gesicht. Dann fragte sie mich, ob ich beten kann. Nein, ich konnte es nicht. Ich wurde atheistisch erzogen und musste bis zu diesem Zeitpunkt in meinem Leben ohne ein bewusstes Gebet zurechtkommen. Nachdem ich ihr dieses nur durch eine einfache Kopfbewegung mitteilte, hakte sie noch nach, ob ich nicht doch zumindest das „Vater unser" wüsste, während sie weiter konzentriert mit der Kerze entlang meines Körpers glitt. „Nein" war wieder meine einfache Antwort und ich dachte mir dabei, ob es etwas bringen würde, würde ich den Wortlaut des „Vater unser" wissen und ihn einfach nur aufsagen, ohne nachzuspüren. Da ich ihn aber nicht kannte, war es sowieso egal. Sie nickte nur und deutete mir mit ihrem, durch mich hindurchschauenden Blick, dass ich nur still dasitzen und an nichts Bestimmtes denken sollte. So tat ich es und fühlte mich gleichzeitig schuldig, dass ich nicht mithelfen konnte und dass ich noch dazu keine Ahnung von Gebeten hatte.

Die Kerze flackerte an manchen Stellen unruhig, dann erzeugte sie ein schwarzes Rauchsignal – so, als würde sie mit der Heilerin kommunizieren. Sie runzelte kurz die Stirn und murmelte etwas vor sich hin, dann beruhigte sich die Kerze wieder. Ich – spürte nichts Besonderes, nur meine Gedanken konnten sich nicht beruhigen. Bevor sie mit ihrem „Hokuspokus" anfing, machte sie nämlich ein paar Aussagen, die in mir nachhallten. Es war ja nicht das erste Mal, dass ich bei ihr war. Genau genommen war es das dritte Mal und ich hoffte diesmal sehr auf ihre Hilfe. Doch war es das erste Mal, dass sie mit der Kerze und dem Beten kam. Beim ersten und zweiten Mal reichten ihr, um meine Beschwerden zu orten, zu diagnostizieren und zu behandeln das Pendeln auf einer Pendeltabelle aus, dann ein paar homöopathische Tropfen und eine, mit Hilfe des Wohnungsplans auf Entfernung entstörte Wasserader in meiner Wohnung. Klar waren das damals auch alles neue Sachen für mich, aber diesmal musste es irgendwie ernster um mich stehen. Und da ich nicht beten konnte, schien die ganze Verantwortung für meine „Entstörung" bei ihr zu liegen. Es war ganz neu und seltsam für mich, auf jemanden zu hoffen und sich auf ihn zu verlassen, der etwas mit mir tat, das ich gar nicht verstand und gar nicht durchblicken konnte. Ihre Diagnose war doch so eindeutig: Jemand sollte sehr neidisch und eifersüchtig auf mich sein und dies wirkte sich blockierend auf mein Energiesystem und damit auch auf meine Gesundheit und Wohlbefinden aus. Irgendwie nichts wirklich Neues für mich. Aber wenn das einmal eine fremde Person auf diese eindeutig erschrockene Art sagte und noch dazu mit diesem, mich bemitleidenden Gesicht, dann war das schon ungewohnt und ehrlich gesagt, es jagte mir sofort Angst ein.

Vielleicht war die Situation doch ernster als ich dachte! Was verstand ich schon davon?! Vielleicht gab es wirklich Dinge, von denen ich keinen Schimmer hatte!

Und ja – es kam noch schlimmer: „Sie haben eine komplett schwarze Aura, mein liebes Kind. Da ist jemand heftig hinter Ihnen her und übt schwarzmagische Praktiken über Sie aus!". Jetzt war es also raus! Ich wusste es! Etwas Unabwendbares, Schreckliches geschah gerade in meinem Leben. Ja, scheinbar gab es jemanden, der mich zerstören wollte und ich … saß ahnungslos da und wusste nicht einmal das Vater Unser zu rezitieren. Aber wer, wer sollte das sein, dem ich so im Magen lag, dass er sich so viel Mühe gab und sich noch dazu anscheinend die Zeit nahm, sich so weitgehend mit mir zu beschäftigen und „etwas" über mich zu praktizieren???

Was war das noch einmal?

Schwarze Magie???

Was ist schwarze Magie? Und was hatte das mit mir zu tun?

Angeblich hatte ich eine komplett schwarze Aura, das war sicher nicht gut!

War das die Erklärung für meine vielen Albträume in der letzten Zeit? War das die Erklärung für meine Schwäche, meine Weinkrämpfe, meine Depression? Die schwarze Magie?

Aber wer? Weswegen? Warum? Habe ich jemandem etwas angetan? Vielleicht im früheren Leben?

Eine schlechte Tat von mir im früheren Leben wäre doch eine Erklärung, warum ich nichts davon wusste. Aber sie sprach auch noch von angeblichem Neid und der Eifersucht …

„Also bitte! Wer soll mich schon um etwas beneiden? Mich??? Für was? Was gibt es an mir und an meinem Leben zu beneiden? Ich lebe ja Tag ein, Tag aus in „meinem stillen Kämmerlein"; ganz für mich alleine, oft einer grauen Maus gleich. Ich bin doch niemand der sich irgendwo in den Vordergrund drängt, etwas Besonderes tut oder überhaupt jemandem auffällt. Sorry, verstehe ich überhaupt nicht! Aber gut, sie ist die Hellsichtige von uns zwei und wenn sie meint! Ich hoffe nur, sie weiß, was sie da gerade tut, und gleich wird es mir sicher bessergehen, und der ganze Spuk wird vorbei sein."

Wenn ich nur gewusst hätte, was auf mich noch alles zukommen sollte … vielleicht war es doch besser, dass ich damals noch keine Ahnung hatte.

BEGEGNUNG

Die erste Begegnung mit der Heilerin lag ungefähr ein Jahr zurück. Damals war ich zweiunddreißig Jahre und am Höhepunkt meiner beruflichen Karriere, wie sich später herausstellen sollte.

Es schrieb sich das Jahr 2001 und ich kam gerade zurück von einer mehrwöchigen Überseereise. Meine erste Begegnung mit dem Pazifik und der Welt auf dem anderen Kontinent schien in seltsame Krämpfe in meinem Kopf auszuufern. Ich beschäftigte mich damals gerade mit den Celestinischen Prophezeiungen[1] und nahm das Arbeitsbuch der Prophezeiungen von Celestine von James Redfield auf die Reise mit. Irgendetwas lief aber schief.

Mitten in einem gekühlten, typisch amerikanisch gehaltenen Supermarkt, in dem Moment, als ich gerade bei der Kasse an die Reihe kam, um meine kleine Ausbeute von verschiedenen mir unbekannten bunten Leckereien, die ich kosten wollte,

---

1   Die Prophezeiungen von Celestine ist ein 1993 veröffentlichter Roman von James Redfield. Das Buch handelt davon, dass seit nunmehr einem halben Jahrhundert allmählich ein neues Bewusstsein in unsere Welt eintritt, welches sich nur mit den Worten transzendental und spirituell bezeichnen lässt. (Quelle: Wikipedia)

zu bezahlen, wurde mir schlagartig schwarz vor Augen und ein immenser Stich, als hätte mich gerade der Blitz getroffen, durchbohrte meine linke Schläfe, gar den ganzen Schädel.

Mein erster und einziger Gedanke war: „Ein Schlaganfall!".

Ein Schlaganfall???

Ich? Und das mit zweiunddreißig?

Irgendwie gelang es mir, nicht umzufallen. Ich blieb auf beiden Beinen stehen und versuchte nicht zu atmen, um diesem „Blitz" beim Einatmen keinen Freiraum zu geben, sich noch weiter durch meinen Kopf zu bohren. „Ruhe bewahren, nicht atmen, nicht bewegen, nicht umfallen. Bezahlen und raus aus dem Markt. Raus an die frische Luft, ans Tageslicht!"

Nur mit dem rechten Auge sehend, dauerte es eine Ewigkeit bis ich den Ausgang erreichte und mich nach Außen direkt in die Arme des Ozeans retten konnte. Dann atmete ich gaaanz vorsichtig durch. Es schmerzte, es schnitt, aber ich lebte, konnte mich orientieren und sogar auch denken! Ich war noch immer ich und selbstständig. Das war das Wichtigste.

So suchte ich mir einen Platz auf einem dieser großartigen, angeschwemmten riesigen Baumstämme, die das einmalige Flair der nordpazifischen Strände ausmachen. Das sonnendurchwärmte

Holz bot mir eine kurze Sicherheit und Erholung, damit die Panik Zeit hatte, sich in mir endgültig auszubreiten. Ich wusste doch überhaupt nicht, was mit mir geschehen war. So etwas hatte ich noch nie. Ohne Ankündigung, ohne jegliche Anzeichen und ohne vorher überhaupt im Ansatz Kopfweh zu haben. Ausgerechnet an dem Tag war ich gut drauf und voll dabei, den anderen Way of Life zu genießen.

Die restlichen zwei Wochen meines Aufenthalts waren von den immer wiederkehrenden „Krämpfen" in der linken Schläfe gekennzeichnet. In den unmöglichsten Situationen traten sie, ohne Ankündigung, ein. Ich konnte sie nicht vorhersagen. Irgendwie lernte ich aber damit umzugehen und mir nicht viel anmerken zu lassen. Auch Kopfschmerzmittel schienen da keinen Unterschied auszumachen.

Zurückgekehrt nach Wien, absolvierte ich verschiedene, durch die Krankenkasse bezahlte Untersuchungen, die aber zu keinem Ergebnis führten. Es war angeblich mit mir und meinem Kopf alles in Ordnung. Ja aber wie denn? Diese plötzlichen, mich von Kopf bis Fuß durchfahrenden Stiche und Krämpfe dauerten weiter an!

Schließlich bekam ich einen Termin in einem privaten neurologischen Institut – und dort, oh Wunder, schien man das Problem lokalisieren zu können. Die genaue Aussage der mich untersuchenden Fachärztin war: „Das ist nichts Physisches, aber ich gebe ihnen eine Telefonnummer von einer Heilerin. Sie wird ihnen mit diesem Problem höchstwahrscheinlich helfen können. Haben sie sich schon mit alternativen Heilmethoden beschäftigt?"

Ob ich mich damit beschäftigt hatte?

Ja. Irgendwie schon. Gerade las ich ein Buch über das Aurareading, übte es ab und zu in der Badewanne und hoffte, irgendwann die Aura meiner Zehen, zumindest für eine hundertstel Sekunde, zu erspähen. Aber mit einer echten Heilerin hatte ich noch nie zu tun. Was konnte sie, wie war sie und könnte sie mir wirklich helfen? Wenn das sogar die Ärztin, diese Neurologin und gleichzeitig die Chefin des privaten Instituts sagte, dann müsste doch etwas dran sein! – dachte ich mir.

Ich nahm dankbar die Visitenkarte mit dem „Geheimtipp" an und spürte in mir die Hoffnung auf baldige Besserung. Die Krämpfe hatte ich nun schon über drei Monate lang, und das war nicht lustig.

Zu Hause ließ ich die Karte eine Woche lang liegen, bevor ich mich dazu durchgerungen hatte die geheimnisvolle Frau anzurufen. Ich meine, ich wusste gar nicht, was mich erwartete und wie man so mit einer Heilerin sprechen sollte. Was sollte ich ihr sagen? Was war mein Problem und was wollte ich eigentlich von ihr?

Ja, was war eigentlich mein Problem? Die Krämpfe im Kopf? Oder waren diese nur eine Auswirkung eines tiefer liegenden

Problems? War es nicht so, gäbe es diese physischen Krämpfe nicht, dass mich eigentlich gänzlich etwas Anderes plagte?

War die Wahrheit nicht die, dass ich nicht verstand, warum ich keinen Partner, keinen geeigneten Lebenspartner, Weggefährten und Freund finden konnte, wo ich doch schon zweiunddreißig Jahre alt war, mich im Geschäftsleben erfolgreich bewährte, auf meinen eigenen Beinen stand und … mir nur mehr dieses Eine – jemand, mit dem ich eine Familie gründen und die Welt und das Leben gemeinsam ergründen könnte – in meinem Leben fehlte? Was erwartete mich sonst noch? Die Karriereleiter immer weiter nach oben zu klettern? Wohin? Wozu? Ich war zufrieden dort, wo ich war. Noch mehr Gas geben, noch mehr Umsatz, noch mehr Profit machen war nicht meins. Weswegen und für wen? Für mich alleine? Keine Kinder, keine Familie – niemand, für den ich mehr Geld verdienen und den Umsatz steigern musste. Ja klar, meine Kollegen oder Konkurrenten bauten ihr Geschäft beständig aus, ich sah darin aber keinen Sinn. Ich wollte, brauchte nur mehr das Eine zu meinem Glück – den Partner, den ich immer irgendwo spürte, mit dem doch **alles möglich wäre**, der aber nirgendwo am Horizont zu sichten war.

Ich verstand es einfach nicht. Es ging und ging nicht in meinen Kopf.

Verschiedene Beziehungen hatte ich bereits hinter mir. Irgendwie schien ich nicht beziehungsfähig zu sein oder sie waren nie das, wonach ich suchte. Aber was suchte ich eigentlich? Hatte ich vielleicht zu hohe Ansprüche? Ich wollte doch „nur" jemanden, der mir zuhörte, der mir vertraute, dem ich vertraute, bei dem ich Zuflucht finden und dem ich die Welt – wie ich sie sah – zeigen, mit ihm teilen konnte. War das zu viel verlangt? Nein, ich hatte keine Lust mehr auf eine weitere „unrichtige" Beziehung. Ich hatte keine Lust, mich wieder und wieder auf jemanden einzulassen, erneut viele Monate mit dem Kennenlernen und dem sich aufeinander einspielen zu verbringen, um dann festzustellen, dass man doch zu verschieden ist und keinen kompatiblen Lebensweg hat.

***

Endlich griff ich zum Telefonhörer und wählte, meine eigene Nummer selbstverständlich unterdrückend, die Nummer der Heilerin. Eine Stimme meldete sich auf der anderen Seite ... als hätte ich gerade den Mond angerufen. Stotternd stellte ich mich vor, aber hatte nicht das Gefühl, dass sie mir zuhörte. Dann erzählte ich, dass ich die Empfehlung von der und der Neurologin bekommen hatte, welche meinte, dass sie diejenige sei, die mir helfen könne. Und sie nur: „Uhm, aha ... a ... ich kann sie nicht finden ... wo sind sie denn?"

Jetzt war ich aber verwirrt! Was meinte sie mit "sie kann mich nicht finden und wo ich bin"? Na, dort war ich doch, in Wien!

„Ach, alles klar – deswegen kann ich sie nicht finden!" – meinte sie.

Was bedeutete das "deswegen kann ich sie nicht finden?"

Ich stellte mir vor, wie sie ein altes dickes Telefonbuch im rasanten Tempo durchblätterte und mich nicht finden konnte. Ja klar konnte sie mich nicht finden – ich war doch in keinem Telefonbuch eingetragen! Aber nein, sie meinte etwas ganz anderes, begriff ich gleich. Sie selbst saß nämlich in der Slowakei und ihre hellsichtige Wahrnehmung reichte anscheinend nicht über die Grenze hinaus, zumindest nicht so lange, bis sie nicht auf die Idee kam, über die Grenzen zu schauen. Dann hatte sie mich doch erreicht und gleich anscheinend eine ganze Diagnose von mir eingegeben bekommen, die sie mir bei der persönlicheren Begegnung mitteilen wollte, am besten an einem Tag, an welchem der Mond in einer bestimmten Phase war, damit die Behandlung und Heilung besser wirken könnte. Mit zittrigen Händen legte ich den Hörer auf und fühlte mich, als wäre ich gerade vom Himmel gefallen. Was war das eben??? Sie konnte mich nicht finden, weil ich statt in der Slowakei in Wien saß? Und dann fand sie mich doch? Wie fand sie mich? Was meinte sie damit, mich zu finden? Kalter Schauer strömte von oben nach unten meinen Rücken entlang. Es wurde mir unheimlich … aber das Wichtigste war, ich hatte einen Termin erhalten: in zwei Wochen, zu der von ihr bestimmten optimalen Mondphase.

ANRUF

Ich saß mit einer Freundin in einem kleinen Theater in Bratislava, direkt in der ersten Reihe und genoss es, endlich einmal wieder eine satirische Vorstellung in meiner Muttersprache zu sehen, die die aktuelle Lage des Landes auf die Schippe nahm. Diese Art des Humors ist etwas, das ich in Österreich vermisse. Ein Wortwitz mit intelligenten Doppeldeutigkeiten, die vor allem die „anders Denkenden" ansprechen, wodurch man sich erst auf Subtextebene mit Gleichgesinnten verbindet. Diese Art versteckter Satire hatte sich in den kommunistischen Jahren der Zensur und unfreier Meinungsäußerung entwickelt, wodurch die „Komiker" einen Weg gefunden hatten, trotz der Gefahr von Repressalien, dem Publikum mit Andeutungen die Augen gegenüber den Untaten des Regimes zu öffnen. Nach der Wende verstummte diese Art der Läuterung der Gesellschaft, da die postrevolutionäre Ära den Anschein erweckte, dass alles in Ordnung kommen werde und sich alle endlich liebhaben werden, es bedürfte nur noch ein wenig Geduld für die Aufräum- und Aufbauzeit. So gab es also nichts mehr zu kritisieren und schon gar keinen Grund mehr für versteckte Botschaften. Die Meinung konnte man doch endlich frei äußern, der Job der Spione und der Satiriker schien der Vergangenheit zu gehören. Nun, zwölf Jahre und einige „Versuchsregierungen" später, saß ich doch wieder in einem solchen Theater und lauschte aufmerksam den Akteuren: lernte auch in der neuen Zeit herauszuhören und zu verstehen, in welche Richtung sich ihre Überlegungen bewegten und was sie mir mitzuteilen versuchten, was sie meinten, was in dem Land, in dem ich nicht mehr lebte, doch erneut schiefgelaufen sei.

Mitten in der, auf der Bühne präsenten Kritik gegenüber der Dummheit des Volkes, seines ausgelebten Rudelverhaltens und seiner Gerne-Abhängigkeit von jemandem, der das Zeug hat, der Mehrheit das vorzugaukeln, was sie hören wollen, wunderte ich mich, dass die Menschen doch irgendwie unbelehrbar zu sein schienen. Denn alles, was sich auf der Bühne abspielte, kam mir irgendwie bekannt vor. Es war, als habe es die Wende, den Umbruch gar nicht gegeben. Und das war – bitte – erst das Jahr 2001! Ja, die Menschen waren damals und auch noch heute noch immer dieselben geblieben.

Mitten in mein gespaltenes Nachsinnen weckte mich aus meinen Überlegungen das Läuten meines Handys, das ich anscheinend auszuschalten vergessen hatte. Es dauerte auch noch eine Ewigkeit bis ich realisierte, dass es sich überhaupt um mein Handy handelte. Wer könnte auch so dumm sein, mitten in einer Vorstellung und noch dazu in der ersten Reihe, sein Handy läuten zu lassen?! Peinlich, peinlich – ich war es! Und doch, anstatt es schnell auszuschalten, nahm ich seltsamerweise ab. Keine Ahnung, was mich zu dieser unlogischen Handlung veranlasste, während mir der eine und andere Schauspieler, direkt vor meiner Nase auf der Bühne stehend, mahnende Blicke zuwarf. Ich sah auf dem Display ... Vienna was calling! Das war nun ziemlich unüblich, da die meisten meiner Geschäftskontakte aus Deutschland und anderen Ländern rund um Österreich stammten. Ich bückte mich ein wenig und hob ab. Ein Jemand stellte sich vor. Wer? Den kannte ich überhaupt nicht und doch sprach er, als müsste ich ihn kennen. Mein Verstand schaltete kurz auf Hochtouren und arbeitete sich durch meine Gehirnwindungen durch, konnte aber keine entsprechende Zuordnung finden. Nein, ich kannte niemanden mit solchem Namen. Es gab ja noch kein „Facebook", das meine Erinnerungen nach Gesichtern abscannen konnte. Ich wollte schon mit dem Gedanken auflegen, dass sich jemand einen Scherz erlaubte und es unpassend war, mitten im Theater, in der ersten Reihe sitzend, mit ihm darüber zu diskutieren; hätte mein Verstand doch nicht eine leise Ahnung zu dem Namen geäußert. Er? Der Fitnesstrainer? Der Fitnesstrainer, der mich mit seiner beobachtenden Anwesenheit immer wieder nervte, während ich hoffte, unbeobachtet, im Alleingang, meine Kondition zu verbessern? „Um Himmelswillen ... warum ruft mich ein Fitnesstrainer an? Und überhaupt: Woher hat er meine Nummer?"

SUCHE

Ich hatte schon öfters solche Sätze, wie „Für jeden Topf gibt es den passenden Deckel."; „Wenn es der Richtige ist, erkennst du es im ersten Augenblick.", „Die Liebe auf den ersten Blick ist möglich." und, und, und gehört. Möglicherweise gab's so etwas. Aber nicht in meiner Welt. Ich schien anders zu ticken als der Rest dieser Welt. Und doch ... weil meine Krämpfe im Kopf nicht aufhören wollten und die Medizin mir nicht helfen konnte, entschloss ich mich, für zwei Wochen nach Italien an meinen geliebten Ort zu fahren, um ganz alleine für mich zu sein. Nur ich und das Meer und selbstverständlich das Geschäft. Die Spedition, die ich im Alleingang betrieb, konnte ich nicht einfach so für zwei Wochen allein zu Hause lassen. Die kam überall mit mir mit. Das war das Gute an der Sache. Vermitteln, telefonieren, faxen, mailen konnte ich von überall. Das Schlechte war: es war ein 24-Stunden-Tag-Geschäft, aber ich betrieb es doch in Maßen. Wenn es keine Komplikationen gab, konnte ich den Telefonverkehr auf ein paar Anrufe täglich einschränken. Und so trafen sich: die Frau, das Meer und ihre internationale Spedition außerhalb der Saison alleine auf einem menschenleeren, weiten Sandstrand sitzend, Ruhe und Erholung am Horizont suchend.

Die Krämpfe im Kopf ließen mich in Italien tatsächlich in Ruhe, nur der Seelenfrieden wollte nicht einkehren. Auf einmal fühlte ich mich verdammt einsam und obwohl ich diese Ausflüge ins Abseits öfters unternahm, konnte ich diesmal dem Alleinsein an einem vereinsamten Strand nichts abgewinnen. Eine tiefe Melancholie anstelle der bekannten weiten Sehnsucht, die mich letztendlich mit Impulsen befruchtete, senkte sich über mich, packte alles in einen dumpfen Nebel, außer (!) einen engen beleuchteten Korridor, der einem Notausgang im Flugzeug ähnelte und mit den Pfeilen zu meinem Herzen zeigte. Notsituation, Notbeleuchtung, Notoperation? Nur mehr die Notrutsche aufblasen und aus dem Herzen all die Tränen der Einsamkeit und des Kampfes mit der Welt fließen lassen.

Ich war am Ende! Seit meinem achtzehnten Lebensjahr schritt ich step by step alleine durch die Welt – im Versuch, meine eigene aufzubauen. Ich war erschöpft, desillusioniert, müde und sah keinen Sinn mehr darin, so weiter zu machen. Der Reiz, sich immer wieder auf Reisen zu begeben, wenn auch alleine, aber Hauptsache zu reisen und die Welt erkunden, eine unendliche Wander- und Erkundungslust, die wahrscheinlich aus dem früheren sozialistischen Reiseverbot schöpfte, schien nicht mehr zu wirken. Auf einmal wollte ich hauptsächlich nicht mehr alleine sein.

Diese Erkenntnis erschütterte mich. Die letzte Trennung war doch noch nicht einmal ein ganzes Jahr her. Ein Punkt, an dem ich glaubte, mich selbstbewusst für das Singleleben entschieden zu haben. Die Worte meiner Mutter hallten noch in mir nach:

„Erkenne doch endlich, dass du nicht beziehungsfähig bist und bereite dich auf das Singleleben vor! Es gibt doch auch Menschen, die nicht in Beziehungen leben. Wahrscheinlich gehörst du zu ihnen. Hör auf, verzweifelt nach Mr. Right zu suchen!" Ich schaute zu den Sternen und dem zunehmenden Mond und auf einmal erhob sich in mir ein Widerstand gegenüber diesem mütterlichen Rat. Nein! Das war nicht ich! Ich war doch ein soziales Wesen! Ich liebte die Menschen! Ich liebte die Kommunikation mit ihnen! Ich liebte es, mit jemandem meine Sicht der Dinge zu teilen und seine Sicht zu erfahren. Das konnte nicht sein, dass ich für den Rest meines Lebens zum Alleinsein verdonnert sein sollte! Da hätte ich auch glatt auf der Stelle sterben können, es wäre auf das Gleiche herausgekommen. Ich schluchzte und weinte mir die Seele frei. Sie wusste offensichtlich, was zu tun war. Nur ich als Mensch kaum. Die plötzliche Erkenntnis war nicht besonders hilfreich: Dass ich doch jemanden an meiner Seite brauchte und haben wollte. Toll! Aber wie und wo war er zu finden? Suchte ich ihn doch schon mein halbes Leben lang.

Es war mir nicht zu helfen! In dem außersaisonal menschenleeren Ort, wie schön er auch war, konnte ich keine Sekunde länger bleiben. Ich ging zurück ins Hotel, packte meine Sachen und in der Früh, zehn Tage früher als gedacht, fuhr ich zurück nach Wien.

Während der Fahrt entwickelte ich eine Strategie: Ich musste mich wieder aufrappeln. Ich musste mein Selbstbewusstsein wiederfinden. Ich musste mich wieder aktivieren. Wie sonst hätte ich auch jemanden – so aus meinem Schneckenhaus heraus – finden sollen. Also – Schritt Numero uno, frei nach weiblicher Logik: Gleich zu Hause angekommen, mich wieder ins Fitnesscenter einschreiben und zuerst einmal diszipliniert den Körper stärken, aufbauen, Kondition verbessern, schöner werden. Und dann würde ich weitersehen. Die Heulsuse in mir, sie musste weg!

Zu Hause angekommen, traf ich mich geschäftlich mit meinem Buchhalter, der in meiner Nähe wohnte. Ich verstand mich gut mit ihm und erzählte ihm von meinem Entschluss, wieder Sport zu machen. Da ich in diese Gegend erst vor Kurzem umgezogen war, kannte ich die Infrastruktur noch nicht so gut, aber er hatte für mich einen Tipp und riet mir zu einem kleinen Fitnesscenter, das zu einem Tennisclub in der Nähe gehörte und nicht auf Massenabfertigung spezialisiert war. In den Vormittagsstunden sollte es dort kaum jemanden an den Geräten geben. Eine gute Empfehlung für meine eingeschüchterte Seele. Noch besser war, es war nur fünf Minuten zu Fuß von meiner Wohnung entfernt. Ich brauchte keine Umkleidekabinen, ich konnte direkt von zu Hause, mit meinen Sportsachen ausstaffiert, starten. Am nächsten Tag, gleich nach dem morgigen Kaffee, setzte ich meinen Entschluss in die Tat um und buchte ein Probetraining in dem empfohlenen Fitnesscenter.

Eine breite Stiege führte mich in ein Kellergeschoss und während ich die Stufen abstieg, schritt mir ein gut aussehender Mann mittleren Alters entgegen. Mitten auf der Stiege passierten wir die gemeinsame Stufe und ich dachte mir erleichtert: „Gott sei Dank. Wenn dort doch jemand trainierte, ist er jetzt weg und ich bin vielleicht wirklich alleine."

Im Geräteraum angekommen bestätigte sich meine Annahme: Ich war alleine. Erleichtert setzte ich mich auf ein Fahrrad und begann meinen Körper zu stählen. Nach ein paar Minuten ging mir bereits die Puste aus und ich hechelte in mich hinein und während die ersten Schweißtropfen von meiner Stirn tropften, fragte ich mich, ob sich mein Körper je an das Schwitzen gewöhnen würde.

Ich nahm mir für den Anfang zwanzig Minuten Fahrradfahren vor. Aber wie sollte ich es bis dahin schaffen? Mein Gesicht war schon nach den ersten fünf Minuten tief rot angelaufen. Heldenhaft trat ich weiter in die Pedale, bereit, irgendwie mein Ziel zu erreichen. Und dann …

die Katastrophe!

Der Mann von der Stiege trat herein. Hatte er etwas vergessen??? „Geh! Geh sofort wieder weg, lass mich alleine!" – schrie alles in mir. Aber nein, er kam, von meinem inneren Aufschrei unbeeindruckt, sogar auf mich zu … bis er direkt neben meinem Fahrrad stand, sich lässig an meinen Lenker lehnte und mir, während ich diese unglaubliche Frechheit nicht glauben konnte, ungeniert dabei zusah, wie ich mein

Letztes (bei der zweitniedrigsten Schwierigkeitsstufe) gab, bevor ich vom Sattel fiele.

Was für ein Arsch!!!

Was machte er da? Sollte das eine Anmache sein?

War er blind oder was?

Sah er nicht wie hässlich ich war? Purpurrot im Gesicht, ungeschminkt, die Augen sicher von der Anstrengung aus den Augengruben quellend, in dem ungebügelten, hässlichsten und unvorteilhaftesten T-Shirt, das ich zu Hause hatte. Ich wollte mich doch erst auf Schön trimmen!!!

Er meinte es wirklich ernst!

„Hilfe! Er fragt mich etwas! Er will mit mir reden? Ist er echt blind? Ich habe doch keine Puste, wie soll ich denn reden? Hau ab, du Idiot! Siehst du nicht, wie ich mich da quäle???"

Dann aber habe ich langsam verstanden ...

Er war der betreuende Fitnesstrainer und ich die einzige Kundin in dem menschenleeren Raum. Endlich ein wenig Zerstreuung und Unterhaltung für ihn. „Gott, was hast du dir denn dabei gedacht? Gut, dass ich nur eine Probestunde buchte. So hat sich dieses Fitnesscenter auch wieder erledigt!"

Er jedoch, anscheinend nichts ahnend von meinem Beinahe-Nervenzusammenbruch, meinte es ernst mit seinem Job. Er machte sich Sorgen um meinen Puls, begann mir Ratschläge zu geben, wie ich meine Körperhaltung auf dem Fahrrad verbessern konnte und auf welcher Stufe ich wie lange am besten fahren sollte – wenn das mein erster Tag war. Was glaubte er, wer er war? Wollte ich einen Rat von ihm oder was? Ich war doch nicht von gestern! Nur weil ich ein halbes Jahr keinen Sport gemacht hatte, hieß das nicht, dass ich noch nie in einem Fitnesscenter gewesen war. Und was war das überhaupt für ein Stil! Die ganze Zeit blieb er so unhöflich an meinem Rad angelehnt hängen und quatschte mich voll. Typisch Fitnesstrainer. Baggert gleich die nächste Frau an, die da hereinkommt. Fest entschlossen, mich von ihm nicht irritieren zu lassen, fuhr ich stolz meinen imaginären Weg auf der niedrigsten Stufe meinem zwanzigminütigen Ziel entgegen. Und er erzählte und erzählte weiter und die Zeit verging dann letztendlich schneller als ich befürchtete. Da ich mich mit ihm und seiner Art plagte, vergaß ich sogar, dass mein Körper keine Kondition mehr hatte. Zum Schluss hörte ich sogar heraus, dass er nicht den ganzen Tag den Fitnessraum betreute, sondern nur zu den Hauptzeiten. Also musste ich das Fitnesscenter doch nicht gleich aufgeben. Ich musste nur einfach dann kommen, wenn keiner, wenn er nicht dort war.

Die Zeit ist reif

So gestaltete ich in den nächsten Tag auch mein Bewegungsprogramm. Ich nahm mir immer zu Mittag Zeit und trainierte ganz alleine meinen Körper, brachte ihn auf Vordermann und wieder zu Hause hatte ich die Wahl; ich weinte mir entweder immer wieder meine Seele aus oder lies die Krämpfe im Kopf mich plagen. Es schien, als könne ich nur entweder weinen oder Krämpfe haben. Was sollte, wollte ich wählen? Ich spürte, meine Umwelt konnte mich, so weinerlich, nicht mehr wirklich ertragen. Vor allem dann nicht, wenn mir, ohne irgendeinen eindeutigen Grund, die Tränen aus den Augen kullerten. Ich musste es mir zugestehen: ich war ein Wrack und nicht gesellschaftsfähig. Von so etwas wie Burnout hörte ich damals noch nicht.

Den Höhepunkt erreichte es, als ich eines Tages mit einer guten Freundin shoppen war und als ich ihr am Parkplatz etwas zu erklären versuchte, sie mich aber nicht auf Anhieb verstand und ich keine Kraft mehr fand, es ihr zu wiederholen, so brach ich in aller Öffentlichkeit wieder in Tränen aus. Da reichte es ihr und mit fester Stimme befahl sie mir, ihren eigenen Psychiater aufzusuchen und mir Antidepressiva verschreiben zu lassen, wie sie diese ja selbst angeblich seit Jahren auch genommen hatte. So konnte es doch mit mir nicht weitergehen! Wahrscheinlich hatte sie Recht. Niemand war gewohnt, mich so schwach, verzweifelt und verletzt zu sehen. Ich war doch die Geschäftsfrau, die alles alleine tun konnte. Ich war doch diejenige, die mit achtzehn und insgesamt umgerechnet fünf Euro in der Tasche alleine nach Wien aus dem sich gerade auflösenden Sozialismus gekommen war und überlebt, sich langsam hochgearbeitet und Karriere gemacht hatte und selbständig lebte. Ich war doch diejenige, die alleine kreuz und quer durch Europa reiste, tausende Kilometer im Auto, zu wichtigen Geschäftsterminen in verschiedenen Ländern und locker mit wichtigen Partnern in ihren höchsten Positionen verhandelte. Eindeutig war ich zu jener Zeit nicht diejenige, die hemmungslos heulte und Hilflosigkeit ausstrahlte.

Die Psychiaterin fragte nicht viel. Ich erzählte ihr, dass ich seit einem Jahr einmal die Woche zu einer Psychologin ging, dass ich nicht schlafen konnte und ständig weinen musste. So verschrieb sie mir „das Medikament" und ich begann es einzunehmen. Nun konnte ich endlich wieder einschlafen und durchschlafen. Das war erleichternd. Und das Weinen hörte auch irgendwie auf. Dafür aber begannen mir die Umwelt, die Bekannten und Freunde egal zu sein. Ich wollte mich nur sammeln. Ich wollte gesundwerden, ich wollte wieder zu Kräften und zur Besinnung kommen. Ich suchte Rat in verschiedenen Büchern, stellte wieder einmal meine Ernährung um und ging brav diszipliniert in das nahe Fitnesscenter. Ich wusste, ich musste Regelmäßigkeit und Ordnung einhalten, sonst drohte mir – ich kannte mich doch auch faul – dass wenn ich nachließe, ich nach und nach nicht mehr zum Training gehen würde.

An einem Tag konnte ich aber wegen eines Geschäftstermins nicht zur gewohnten, einsamen und fitnesstrainerlosen Mittagszeit trainieren gehen. Da ich nun bereits gestärkt und stabiler war, entschloss ich mich, das Fitnesscenter doch zur Hauptzeit zu betreten. Vielleicht war es nicht schlecht, mich zu testen, ob ich schon psychisch ausreichend gestärkt war, um dort Menschen zu begegnen. Meine Kondition war schließlich auch schon viel besser geworden. So konnte ich vielleicht lockerer auf einem Fahrrad aushalten, während jemand anderes neben mir auch auf einem Fahrrad seine Runden drehte, ohne mir dabei fehlplatziert vorzukommen. Ich packte ein Buch ein, das ich gerade las und setzte mich in dem winzigen Fitnessraum auf mein gewohntes Fahrrad. Seltsamerweise waren vor allem Frauen anwesend und … wie erwartet, der Trainer. Na ja, zumindest war ich diesmal nicht das einzige Opfer. Die anderen waren sicher seine Stammkundinnen, also würde ich Ruhe vor ihm haben – wohlwissend schätzte ich die Lage ein.

Ich stellte mir die Schwierigkeitsstufe und die Zeit ein, vertiefte mich in mein mitgebrachtes Buch, während ich meine Beine strampeln ließ. Die Welt um mich herum trat stillschweigend in den Hintergrund, bis … ich, wie aus einem entfernten Traum, eine Stimme mich fragen hörte: „Was lesen Sie für ein Buch?" Abrupt löste ich mich von dem Geschehen im Buch und kam in die reale Welt zurück, um mich umzusehen, wem die Frage gehörte. Und da stand er! Schon wieder vor meinem Fahrrad, in der bekannten, für mich provozierenden Körperhaltung. Seine Augen schauten mich schmunzelnd und neugierig an.

Da ich an dem Tag überraschenderweise gute Laune hatte, packte mich die Lust, seine Provokation als Herausforderung anzunehmen und so nannte ich ihm den Namen des Buches in fester Überzeugung, er werde, wie die meisten in meiner Umwelt, keine Ahnung haben und mich somit umso schneller in Ruhe lassen. „Edgar Cayce" sagte ich und sah ihn herausfordernd an, im Sinne von: Na, was kann schon ein Fitnesstrainer über Edgar Cayce wissen? „Interessant, das ist doch der Channeler, nicht wahr?" – gab er als rhetorische Frage zurück. Da war ich aber platt! Mir fiel es wie Schuppen von den Augen und ob ich es wollte oder nicht, ich musste abrupt von meinem „hohen Ross" in einer erstaunlichen Realität ankommen. Da stand jemand vor mir, ein Mann, ein Fitnesstrainer in einem schlabberigen Fitnessgewand, der Edgar Cayce kannte! Wow! Interessant. Sehr interessant! Und nicht nur das, es war jetzt an mir, ich kannte nämlich das Wort „Channeler" nicht, spürte aber innerlich: Es konnte schon irgendwie auf den schlafenden Propheten[2] passen, und so bejahte ich seine Frage mit einem leichten, die mögliche Unsicherheit versteckenden Kopfnicken. Es war etwas (um mich) geschehen! Ich fing damit an, halbbewusst andere Fitnesszeiten zu wählen; diesmal diejenigen, zu denen der Trainer Dienst hatte und wir zwischen meinen

---

2 **Edgar Cayce** (* 18. März 1877 in, USA) war ein US-amerikanisches Medium. Er gab Antworten zu Fragen über Themen wie Gesundheit, Astrologie, Reinkarnation und Atlantis, während er in Trance war. Die heute gebräuchliche Bezeichnung dafür ist Channeln oder Channeling. Cayce wurde zum Ende seines Lebens als der „schlafende Prophet" bekannt. (Quelle: Wikipedia)

einzelnen Übungssätzen über Spiritualität und andere Dinge reden konnten und ich ihm nach und nach, nicht einmal wissend wie, immer mehr von mir anvertraute.

Erstes Date

Unser erstes Date fiel ausgerechnet auf den Tag, als ich zu der Heilerin sollte. Vielleicht hätte ich ihr schon damals besser zuhören sollen. Sie wählte doch den Tag, einen Samstagnachmittag, nicht zufällig, sondern meinte, dass der Tag für mich zu Heilungszwecken die optimalste Mondstellung hatte. Vielleicht war dadurch die Heilung nicht von der Heilerin, sondern vom Universum (?) abhängig. Nun, ich verstand damals Bahnhof. Klar hatte ich davon schon gehört und es mir auch irgendwie vorstellen können, dass der Mensch und seine Lebensumstände vom Mond und anderen Planeten beeinflusst werden. Ich selbst beschäftigte mich seit vielen Jahren intensiv mit Astrologie und Numerologie, also wunderte ich mich nicht so ganz wegen der Mondstellung. **Nur, wie sollte ich verstehen, was sie meinte, wenn ich selbst nicht einmal wusste, welche Heilung ich brauchte?** Aus heutiger Sicht scheint es mir nur logisch, dass unser erstes Date an meinem „Heil(ungs)tag" stattgefunden hat.

***

Es war ein wenig umständlich, alles zu koordinieren. Die „Heilsitzung" wollte ich nicht sausen lassen und auf einen Datetermin mit diesem geheimnisvoll seltsamen Mann wollte ich auch nicht noch zwei weitere Wochen, bis unser beider

Samstage wieder frei wären, warten. So vereinbarten wir, dass wir uns am Samstagvormittag an einem Ort treffen würden, der schon auf dem Weg zu meinem Nachmittagstermin, zur Heilerin, lag. Auf diese Art und Weise ersparte ich mir einen Teil der Anfahrtszeit, und gleichzeitig hätten wir so mehr Zeit für uns.

Der Treffpunkt war ein kleiner Kurort, unweit der slowakischen Grenze, direkt an der Donau gelegen. Es war ein wunderschöner, sonniger Tag, wie es sich scheinbar für einen Heilungstag gehörte. Ich wachte zu Hause bereits mit fröhlicher Laune auf und fuhr gut erholt und entspannt meinem Heilungstag entgegen. Zum ersten Mal, seitdem ich in Wien lebte, und das waren schon mehr als zehn Jahre, begegnete ich einer ursprünglichen Natur. Das österreichische Naturschutzgebiet, der niederösterreichische Urwald, die Donauauen und die urkeltische Gegend schienen für uns der perfekte Ort für unser erstes offizielles Date zu sein. In der zum Großteil unberührten Natur fanden wir in einer Bucht einen angeschwemmten Baumstamm, an den wir uns in Flussrichtung nebeneinandersetzten und für über drei Stunden lang in einer heiteren, mit Leichtigkeit erfüllten gemeinsamen Welt, in der alles möglich war, eintauchten.

Ich hatte mich schon Ewigkeiten nicht so wohl gefühlt, so frei, so unspektakulär euphorisiert, komplett in mein Sein eingehüllt. Ich redete und redete ohne Ende und er wurde nicht müde, mir zuzuhören. Meine Worte schienen sich im Fluss der Donau zu wiegen und sich immer mehr zu entfalten. Mit ihm dort zu sitzen war so ungezwungen, so echt, so natürlich normal, dass wir uns gar nicht wunderten, als wir erfühlten, dass sich in diesem Moment die ganze gemeinsame Zukunft vor uns entfaltete.

Alles war sonnenklar, perfekt, ohne Wenn und Aber. Eine ansteckende, lebendige Ruhe und (ein) Frieden, als sei ich endlich dort angekommen, von dem ich immer gewusst hatte, dass es mich irgendwo erwartete. Ich konnte mich endlich ausruhen, loslassen, anlehnen, beobachten, genießen, sein lassen, aber auch blödeln und freudig sein – einfach alles. Es gab so viel zu sagen und es gab nichts zu sagen, weil alles irgendwie gesagt und verstanden war. Wir waren angekommen. Wir spürten beide, dass wir gerade das gefunden hatten, wonach wir uns jahrzehntelang, wenn nicht mehrere Leben lang, gesehnt hatten. Es konnte nichts mehr passieren, aber es konnte alles geschehen. Alles war möglich!

Und alles war so selbstverständlich. Ruhig, statt überschwänglich; vertraut, statt neugierig; heilsam friedlich, statt himmelhochjauchzend; mitten in die wilde Natur eingebettet; von durch keltische Wege gezeichneten Hügeln bewacht. Rechts der ausgestreckte, sich öffnende, loslassende Arm der Donau – links die wilde Au mit all ihrer Vielfalt, mit all der Weisheit der Jahrzehnte, gar Jahrhunderte, der dort währenden Arten versehen; still über uns mit ihren Blättern raschelnd und zuflüsternd mit dem Zwitschern der sich in den riesigen Baumkronen wohlfühlenden Vögel; jedes gesprochene Wort bestätigend und eine erstaunliche Melodie gebend. Wir mussten nichts mehr tun, es war alles getan. Wir konnten dort ewig so sitzen bleiben, wir konnten aber auch aufstehen und mit einem Schritt in diese herzerwärmende Welt eintreten.

Ewig lang getragen und beschützt; unsere Kraft, unsere Verbindung wahrend und tragend, saßen wir dort, wissend – als wäre es nie anders gewesen. Heilung pur, genau wie es mir die Heilerin vorhergesagt hatte. An Ort und Stelle war ich in diesem Tag angekommen, wurde angenommen, bestätigt, geliebt und dadurch geheilt. Ich war gefunden! Alles Alte, Quälende, Angstvolle, Zweifelnde war von mir, wie durch einen Zauberwink, abgefallen. Auf einmal war alles in bester Ordnung, und ich verstand in meiner tiefsten Tiefe, warum bis dorthin all das notwendig war, was notwendig war. Jetzt, jetzt waren wir beide frei, wenn ...

Wenn es diesen zweiten Termin an diesem Tag nicht gegeben hätte. Ein Termin, der doch so wichtig war, damit ich endlich geheilt würde, um für diese neue Beziehung ohne lästige Hindernisse und Plagerei bereit zu sein. Leider verstand ich auch in dieser Kraftwelt nicht, dass die Heilung bereits geschehen war. Sie geschah automatisch, einfach, in aller Stille, ohne viel Tam-Tam. Nebenbei, an Ort und Stelle, in einem Moment, in dem sich ein Fenster öffnete, Vergangenheit und Zukunft im Jetzt gemeinsam Hand in Hand ankamen und sich mit Himmel und Erde verbanden. Es für das Normalste der Welt haltend schaute ich stattdessen irgendwann auf die Uhr und, so leid es mir auch tat, es war für mich höchste Zeit zu gehen.

Was ich in diesem Moment mit meinem Denken und daraus entstehenden Tun bewirkte, leuchtete mir erst viele, viele Jahre später ein, wenn überhaupt. Durch die Ausrichtung auf den Termin und trotz des Bedürfnisses zu bleiben und trotz des Gefühls, ich brauche den Termin gar nicht mehr, schaltete sich in mir das eingetrichterte Pflichtbewusstsein, gepaart mit Höflichkeit und Neugier ein. Wie ferngesteuert stieg ich unfreiwillig aus dem einheitlichen Gefühl heraus und trat den Weg mit dem Rückwärtsgang an, weil ich geheilt haben wollte, was bereits geheilt war. Mein Verstand hinkte einfach der, in diesen Momenten erlebten Ewigkeit, hinterher.

Aus der Unsicherheit heraus gestand ich auf die Schnelle meinem wiedergefundenen Seelengefährten, zu welchem Termin ich eigentlich sollte. Vielleicht erhoffte ich mir, dass er mich zurückhalten würde. Vielleicht gab ich ihm die Möglichkeit, dass er sagte: „Bitte bleibe, du brauchst es nicht mehr." Dies geschah aber nicht. Und doch war ich von seiner Reaktion begeistert. Er lachte mich nicht aus, als ich ihm erzählte, dass ich seit einer Woche auf Antidepressiva war und einen Termin bei einer Heilerin habe, die mir irgendwie aus meinem Schlamassel helfen sollte. Ich war erstaunt, als er mich bekräftigte, dorthin zu gehen, weil er von solchen Dingen schon gehört hatte und glaubte, dass sie tatsächlich helfen konnten. Ja, er war eindeutig der Mann, den ich schon immer gesucht hatte.

Ich konnte mit ihm über alles reden, auch über diesen mystischen Kram, der in der normalen Welt, in der ich mich bis dorthin bewegte, keinen Platz hatte und der mich aber schon immer so sehr interessierte.

Bestärkt durch sein Vertrauen in die Sache, gingen wir wieder zurück in die Zivilisation, zum Parkplatz und zu meinem Auto und ... unerwartet und mit der Zauberstimmung inkompatibel, verwehrte er mir den ersten, den so intensiv in der elektrisierenden Luft schwebenden, Kuss. Beim Auto angekommen, mich an die Fahrertür lehnend, schaute ich erwartungsvoll zu ihm hoch und auf einmal kam von ihm keine Antwort, als sei die Verbindung zwischen uns plötzlich unterbrochen. Er zog sich in sich zurück, half mir nüchtern ins Auto einzusteigen, dann drehte er sich um und ging zurück in seine eigene Welt. So durfte ich nie erfahren, wie sich der erste Kuss in der heilen Welt, in einem solchen Moment angefühlt hätte, in dem ich bereits heil war, und bevor ich geheilt werden musste. Alleine dieser Nichtkuss erstaunte und verwunderte mich dermaßen, dass er mich erneut in die Unsicherheit und Selbstzweifel über die Wahrhaftigkeit meines Empfindens und damit aus der heilen Welt in die scheinbar kränklichere katapultierte.

Mit ein wenig Wehmut und verwundert stieg ich ins Auto und fuhr der erhofften Heilung entgegen, während sich mein Verstand den ganzen Weg über den Kopf darüber zerbrach, was das zu bedeuten hatte. Warum wollte er mich nicht küssen, obwohl doch zuvor alles so wunderschön, klar und eindeutig gewesen war? Täuschte ich mich? Nein, das konnte nicht sein! Das Gefühl, das ich die drei Stunden lang am Ufer, unter den uralten Bäumen, empfand, konnte mich nicht täuschen. Daran war nicht zu rütteln! Welche Zweifel auch immer in mir hochkamen, dieses gerade Erlebte war so einzigartig und dabei so selbstverständlich, dass ich ihnen trotzte. Gleichgültig, aus welchen Grund er mich nicht geküsst hatte, es jagte mir keine Angst ein und das war neu! Es war, wie es war. Und dass ich so reagierte, war auch erstaunlich und wiederum ein Zeichen meiner Heilung, das ich aber erneut nicht verstand.

Letztendlich fiel meinem Verstand „endlich" ein anderes Thema ein, mit dem er sich während der Fahrt zur „Heilung" akuter beschäftigen konnte: Was sollte ich der Heilerin sagen, was mein Problem sei, wenn ich auf einmal gar kein Problem mehr zu haben schien?

Einweihung

Einweihung hieß das Buch, das ich von meinen Kollegen zu meinem zweiundzwanzigsten Geburtstag bekommen hatte. Ein junger Kollege hatte gehört, dass mich Spiritualität interessierte und hatte ein Buch für mich ausgesucht. Es war das erste Buch, das ich auf Deutsch las und es war auch das Buch, das mir half, tiefer in die deutsche Sprache vorzudringen. Bis dahin war ich nicht fähig, irgendeinen Roman in einer anderen als in meiner Muttersprache zu lesen, weil ich die Hälfte nicht verstand. Dieses Buch aber war anders. Irgendwie sprach es meine Sprache und bereits nach ein paar Seiten hat mich das Geschehen so hineingezogen, dass ich bis zum Ende des Buches nicht mitbekommen habe, dass es auf Deutsch war.

Als erstes faszinierte mich die Aussage der Autorin bzw. der Hauptfigur des Buches, wie sie sich als einjähriges Kleinkind ihres Körpers bewusst wurde und damit nichts anfangen, geschweige denn sich damit identifizieren konnte. Genauso war es mir auch schon immer ergangen. Endlich erfuhr ich, dass ich nicht die Einzige war, die Probleme damit hatte, in der eigenen Haut gefangen zu sein. Im Gegensatz zu mir war sie sich aber sicher, dass zu ihr ein gänzlich anderer Körper gehörte, als der, den sie gerade „anhatte" und auch, dass ihr wahres Zuhause woanders war, als dort, wo sie sich in der „neuen Familie" befand. Die Menschen, die sich ihre Eltern nannten, konnte sie, kaum aus den Windeln raus, auf keinen Fall als solche akzeptieren. Sie fühlte sich von ihnen getäuscht und betrogen und verstand nicht, warum diese ein solches Versteckspiel spielten, obwohl doch sonnenklar war, dass ihre Eltern vollkommen andere Menschen waren und ihr Zuhause auch in einer komplett anderen Ecke der Welt lag. Sie hatte ständig diesen Drang zu flüchten und sich auf den Weg nach Hause, dorthin, wo sie hingehörte, zu machen. Für mich schien es sich tatsächlich um meine Seelenverwandte zu handeln. Wie oft hatte ich doch als Kind, durch Pipi Langstrumpf inspiriert, Fluchtpläne geschmiedet! Ich wollte Geld für eine ausreichende Menge an Luftballons sparen, um mich dann von einem Balkon aus, einfach in die Freiheit treiben zu lassen.

Das Highlight des Buches „Einweihung" von Elisabeth Haich[3] war für mich jedoch der Teil, in welchem sie sich an ihr früheres Leben als Tochter des ägyptischen Pharaos erinnert und alle Einweihungen in das alte Wissen vorzeitig herausforderte, obwohl ihr Vater, der weise Pharao, sie vor den möglichen, unangenehmen Nebenwirkungen warnte. Er meinte, man solle zuerst das normale „irdische" Leben erfahren, bevor man die Einweihungen in das höchste Wissen anstrebe und

---

3 Einweihung von Elisabeth Haich: Ein Weisheitsbuch, das auf einzigartige Weise lange verborgene Geheimnisse enthüllt und die unvergänglichen Gesetzmäßigkeiten des geistigen Weges offenbart. Ein mystisch-biographischer Roman, der die spirituellen Fragen unserer Zeit beantworten kann und eine neue Sicht des Lebens ermöglicht. (Quelle: kopp-verlag.de)

erhalte. Drehe man nämlich die Reihenfolge um, lässt sich also in jungen Jahren einweihen, könne einen das irdische Leben später einholen und aus der Höhe in die Tiefe abstürzen lassen. Sie jedoch ließ sich nicht davon abbringen und so geschah ihr, der Pharaonenprinzessin, genau das, was ihr der weise Vater prophezeit hatte. Nach der letzten Einweihung wurde sie von ihren eigenen, liebgewonnenen Tigern getötet und nach einem 2000 Jahre langen Schlaf fand sie sich in mehreren Leben als unbewusster Mensch wieder; musste nun alle diese Leben auf die „menschliche" Art, jenseits des höheren Wissens, von einem Leben zum anderen, durchleben; nicht ahnend, dass sie diesmal auf solch irdisch-menschliche Art erneut den einzelnen Einweihungsstufen begegnete und diese durchschritt. Erst in ihrem letzten Leben beginnt sie sich langsam zu erinnern, zu erwachen und die Stimme ihres eingeweihten Pharaonen-Vaters, der sie während all ihrer Leben durch die „menschlichen" Einweihungen begleitete, zu hören.

Inzwischen habe ich den Eindruck, dass solche Bücher mehr Einfluss auf mich ausübten, als ich mir je hätte vorstellen können und ich mich, von ihnen beeindruckt und fasziniert, unbewusst auf den Weg gemacht hatte, die Abenteuer meiner liebgewonnenen Figuren selbst nachzu(er)leben. Kein Wunder also, dass mir, während ich die Zeilen über mein erstes Date schrieb plötzlich die Parallele zu der „Einweihung" auffiel. Ich hatte anscheinend in jenem Augenblick die Wahl, mich für das erweiterte Sein in der Einheit zu entscheiden oder der begrenzten menschlichen Neugier zu folgen.

Nichts ahnend, entschied ich mich für das Zweite und stürzte somit auf einmal ab; herunter aus der Ebene, in welcher die aufnehmende Ganzheit herrschte; wo Himmel und Erde nicht voneinander getrennt waren; wo weder Vergangenheit noch Zukunft als solche existierten, sondern sie als Alles in einem gab. Ich kannte damals noch nicht einmal den spirituellen Begriff „Polarität", außerhalb seiner Bedeutung in Physik und Elektrizität. Dass ich innerhalb eines Nachmittags die Einheit erleben und danach wieder in der polaren Begrenztheit landen würde, hätte ich sicher nicht für möglich gehalten.

Wie durch eine unsichtbare Wand von meinem natürlichen Wissen getrennt, „durfte" ich, gefangen in der Illusion des Ertrinkens, panisch nach jedem aufblitzenden Strohhalm greifen, während sich um mich herum eine Art Wüste immer mehr ausbreitete.

Ziemlich genau zehn Jahre nachdem ich die Einweihung zum ersten Man gelesen hatte, war ich dabei, mich in fremde Hände zu (be)geben, in dem Glauben, dass jemand anderer besser für mich wüsste, was mir fehlte und was ich brauchte. Der langwierige Weg der menschlichen Einweihungen in der Welt der Einordnungen und Schubladen; der Blindheit und Taubheit; der Trägheit und Ohnmacht begann. Vormittags noch ganz in Seelenarmen wundervoll geborgen, eilte ich der Illusion und einem Heiltermin entgegen, um noch mehr als ganz zu werden. All das wusste ich aber selbstverständlich nicht.

Warnung

Nur eine Stunde und das Passieren einer Staatsgrenze brauchte ich von dem Parkplatz, an dem ich geküsst werden sollte und nicht wurde, bis zur „Ordination".

Dort erwartete mich eine Vogelscheuche. Eine Frau undefinierbaren Alters, irgendwo wahrscheinlich zwischen fünfzig und sechzig, mittelgroß, rundlich, nicht besonders gepflegt, die Haare durch den Wind und mit einem seltsamen Blick, so von unten nach oben und schräg von der Seite, ums Eck schauend. Ich weiß nicht, was damals mein erster Gedanken war. Auf jeden Fall schien es mir seltsam, von einem Menschen in so einem, für mich müden Zustand eine Besserung und Rat zu erwarten.

Hätte sie mir nur nicht eine Ärztin empfohlen! So musste doch etwas dahinter gewesen sein. Und was wusste ich schon von Heilern und Heilerinnen? Was wusste ich überhaupt über das Heilen? Nichts. Ich erwartete damals eigentlich auch keine Heilung. Ich fühlte mich ja nicht unheil.

Ich hatte gewisse Probleme, lästige Beschwerden und diese wollte ich möglichst loswerden bzw. die Besserung der Beschwerden erreichen. Was für eine Wortwahl? Besserung der Beschwerden! Wie sollen Beschwerden besser werden oder sich bessern? Wollte ich sie in eine Erziehungsanstalt schicken oder was? Aber so war damals mein Denken. So hatte man es mir beigebracht, so hatte ich es bis dorthin erlebt. Wenn ich Kopfweh hatte, nahm ich eine Pille, der Schmerz wurde weniger oder verschwand kurzfristig bis er halt wiederauftauchte. Hatte ich so etwas wie eine Depression, bekam ich Antidepressiva und die Depression wurde anscheinend gedämpft. Bei Fieber Aspirin, bei Angina Antibiotika, was jedoch niemals hieß, dass diese nie mehr wiederkommen würden, ebenso bei Regelbeschwerden und wiederkehrenden Candidas. Lästige Unannehmlichkeiten, die das reibungslose Funktionieren störten, die man aber mehr oder weniger gut in Schach halten konnte, wenn man das passende Mittel dafür fand.

Was wollte ich also von dieser grau anmutenden Person, die es sich, für sie wahrscheinlich gemütlich, in einem der neueren sozialistischen Ärztezentren eingerichtet hatte. Ich kannte damals auch noch keinen „Eso-Style" oder alternative „Bionatürlichkeit". Was hätte ich, als doch irgendwie mehr gepflegte, junge, enthusiastische Geschäftsfrau von ihr gewollt? Sie war doch die Hellseherin!

Wahrscheinlich auch durch das Lesen von Edgar Cayce beeinflusst, erwartete ich eine Prophetin, die mir jetzt endlich (!) alles verraten würde, was ich bis dahin in meinem Leben nicht verstanden hatte. So überraschte mich ihre, in den Ärztepraxen ganz normale Frage, was mich denn zu ihr führe und wie sie mir helfen könne. Ich dachte, sie wisse ja schon alles. Sie war doch diejenige, die mich ihrer Aussage nach, per Telefon im Universum orten konnte; die, die optimale Mondphase für mich wusste und meine Diagnose empfing. So musste sie doch auch wissen, was mich zu ihr führte, oder nicht? Oder hatte ich da etwas verpasst, und meine Beschwerden und meine Diagnose und das, was mich dorthin führte, waren zwei verschiedene Dinge? Nun, vom Resonanzgesetz[4] hatte ich damals auch noch nichts gehört.

Nur über eines war ich nicht besonders glücklich, dass sie herausgefunden hatte, dass ich aus Wien kam. Ich wollte doch nicht eine andere Behandlung, nur, weil ich mit „harter" Währung zahlte. Aber das war nunmal geschehen. Letztendlich erinnerte ich sie daran, dass ich diejenige war, die sie damals per Telefon nicht orten konnte, weil ich mich nicht in der Slowakei befand und ich heute bei ihr sei, weil sie damals meinte, der Mond stehe heute für mich besonders günstig. Sie schien sich vage zu erinnern, was mich noch mehr verunsicherte – gab es doch mehr Personen, die sie nicht auf Anhieb orten konnte? Sie

---

4   Als **Gesetz der Anziehung** (englisch law of attraction), auch **Resonanzgesetz** oder Gesetz der Resonanz, wird in der Selbsthilfe- und Lebensberatungsliteratur die Annahme bezeichnet, dass Gleiches Gleiches anzieht. Diese Vorstellung bezieht sich speziell auf das Verhältnis zwischen der Gedanken- und Gefühlswelt einer Person und ihren äußeren Lebensbedingungen. Es wird von einer gesetzmäßigen Analogie zwischen Innen- und Außenwelt ausgegangen. Diese Analogie soll nutzbar gemacht werden, indem man durch eine Änderung der persönlichen Einstellung zu gegebenen äußeren Umständen eine analoge Änderung dieser Umstände im gewünschten Sinne herbeizuführen versucht. (Quelle: Wikipedia)

fragte erneut, wie sie mir also behilflich sein konnte. Und so begann ich, irgendwie seltsam stotternd (meine Zunge wollte sich nicht bewegen) ihr zu erzählen, dass ich noch gestern glaubte, dass mein Hauptproblem wäre, dass ich keinen Partner finden konnte, nun aber diesen scheinbar heute getroffen habe und damit wahrscheinlich meine Probleme doch der Vergangenheit angehörten. Meine Krämpfe im Kopf habe ich gänzlich vergessen.

Ich hörte mir selbst zu, während ich sprach und wusste, wie bescheuert und naiv sich das alles anhörte; dies wiederum verursachte, dass ich, auf dem Stuhl ihr gegenübersitzend, zu schrumpfen begann. Ich weiß nicht, irgendwie habe ich von ihr wahrscheinlich nur eine Bejahung erwartet und damit wäre meine Audienz bei ihr auch schon erledigt gewesen. Eine Bejahung, eine Andeutung, dass sie auf meiner Seite sei; dass ihr die Sterne, das Universum oder wer auch immer ihre Botschafter waren, ihr die frohe Nachricht verkündet hätten und sie mich mit einem Glückwunsch nach Hause entlassen konnte.

Aber nichts davon geschah. Sie sah mich mit diesem seltsamen Blick an, der irgendwie an mir vorbeischaute, neigte den Kopf einmal nach rechts, dann nach links und machte sich so anscheinend ihre eigene Meinung über mich. Und das, was ich wahrnahm, ließ mich wissen, dass ich doch ihre Hilfe brauchte und froh sein konnte, dass ich den Termin nicht abgesagt hatte. Ihrem neutralen Gesichtsausdruck entnahm ich, dass es anscheinend schlimmer um mich stand, als ich mich fühlte. Also begann ich, mich bereits doch irgendwie wieder krank fühlend, „endlich" meine menschlichen Beschwerden aufzuzählen. Depression, Schlaflosigkeit, gynäkologische Probleme inklusive jahrelanger höllischer Regelbeschwerden, Blasenentzündungen, Ziehen im Nacken, Rückenschmerzen und selbstverständlich, wie hätte ich die Krämpfe im Kopf vergessen können, welche dafür verantwortlich waren, dass ich dort überhaupt saß, statt mich mit meinem Superdate endlich zu küssen.

Sie notierte sich, während ich sprach, etwas in eine richtige Kartei; sprach währenddessen auch kein Wort mit mir, bis sie sich schließlich zu der Depression äußerte und meinte, dass dies keine Depression sei, und dass ich Antidepressiva nehme – auch wenn erst seit einer Woche – sei für ihre Art von Behandlung nicht besonders hilfreich. Dabei machte sie eine solch bedeutungsvolle, wissende Mine, der ich eindeutig entnehmen konnte, dass sie nicht bereit war, mir zu sagen, was es denn dann sein sollte, wenn es keine Depression war. Mit den restlichen Beschwerden schien es leichter zu sein. Sie zog eine Tabelle heraus und ein seltsames Instrument – ein Pendel. Ich hatte so etwas noch nie gesehen und wurde ganz ruhig, während sie mit dem Pendel über die Tabelle glitt, sich immer wieder etwas aufschrieb und mir zum Schluss einfach ein paar Fläschchen mitgab, begleitet mit ausgependelten Instruktionen, zu welcher Tageszeit ich wie viele Tropfen wovon einnehmen sollte. Das war's. Ich konnte bezahlen und mit der Ausbeute und Hoffnung nach Hause gehen, dass die „Besserung meiner Beschwerden" bald eintreten würde.

Wie aus einem Tunnel tauchte ich aus dem „Behandlungsraum" im Tageslicht auf und musste mich zuerst orientieren, bis ich irgendwie wieder zu mir kam und verstand, dass ich mein Auto auf dem Parkplatz suchte. Mir nicht besonders viel dabei denkend, stieg ich wie gewohnt ins Auto und fuhr davon, zurück Richtung Wien, bis ich auf der nächsten Kreuzung zu spät zu bremsen begann und fast in einem Straßengraben landete. Das war doch sehr, sehr merkwürdig. Ich war eine gute Fahrerin. So etwas war mir noch nie passiert und schon überhaupt nicht auf so einer übersichtlichen, breiten und menschenleeren Straße. Ich bekam es ein wenig mit der Angst zu tun. Kalter Schauer lief mir den Rücken runter und ich fühlte mich gewarnt. Aber wovor? Dass ich von meinem Weg abkommen könnte? Hatte ich einen? Damals machte ich mir über so etwas noch keine Gedanken, aber es wäre wahrscheinlich an der Zeit gewesen, damit zu beginnen – hätte ich die mögliche Botschaft nur verstanden!

DIMENSIONSWECHSEL

Bevor ich hier über die Heilerin weitererzähle, möchte ich noch eine mystische Geschichte erzählen, die mir 3 Jahre zuvor geschah:

Orientierungslos stand ich mitten in der kroatischen Einöde. Nur ein paar Kilometer von mir entfernt musste das Hotel sein, in das ich mich für einige Wochen einquartiert hatte. Aber in welche Richtung sollte ich gehen? Irgendetwas Seltsames geschah in meinem Leben. Ich war an einem Ort angekommen, der mir jedes Mal Ruhe und Erholung spendete und wo ich mich nicht komisch fühlte, wenn ich als Singlefrau irgendwo alleine auftauchte. Ehrlich gesagt, gab es in dieser Bucht kaum Gesellschaft.

Seit mehreren Jahren kam ich hierher, wenn ich alleine inmitten der Natur und mit den Elementen sein wollte. Das kristallklare Meer, das mit großer Wucht auf mehrere riesig große, stufenartig gefächerte und wunderschön geglättete, flache Felsen einschlug und in hunderte kleine und größere Geysire zerschellte, faszinierte mich immer aufs Neue. Die Fotografin in mir konnte nicht genug bekommen. Bei jedem Besuch habe ich immer aufs Neue tausende Fotos geschossen, in der Hoffnung, die Lebendigkeit die ich sah und wahrnahm, in der gleichen fesselnden Intensität in einem einzigen Bild festhalten zu können. Es war ein Ort, an dem ich mich alleine absolut nicht allein fühlte.

Loslassend legte ich mich auf so eine riesige, irgendwie weiche Felsplatte, die meine physische Hülle mit der gespeicherten Sonne wärmte, während mein Körper diese einzigartige Wohltat dankbar in sich aufnahm. Die Felsplatten im Ausmaß von mehr als hundert Quadratmeter ersetzten einen unbequemen Liegestuhl. Wie ein kleines Mädchen konnte ich nach Lust und Laune von einem solchen riesigen Liegefelsen zum nächsten und nächsten springen, mich von ihm umarmen lassen, während ich den verschiedenen Tönen der Natur lauschte, die sich von Felsplatte zu Felsplatte änderten, als würde ich ein riesiges Naturklavier spielen. Diese einzigartige Felsenbucht, die ich, wie sonst, ganz zufällig bei meiner ersten „Alleinreise" entdeckt und sofort ins Herz geschlossen hatte, war in einen mit Laubbäumen bewaldeten Berg, mit der für diesen Teil Kroatiens typisch eisenroten Erde, eingebettet. Öfters begab ich mich nach einem ausgiebigen Plausch mit den Felsen und dem Meer auf eine schattige Wanderung durch den herrlich duftenden und summenden Wald. So kannte ich im September 1998 das Gebiet schon fast wie meine Westentasche und war überrascht, als mich das Meer diesmal ablehnte.

Kaum angekommen, begann ich zu fiebern. Ich schwitzte und fror gleichzeitig. Die Sonne konnte ich überhaupt nicht ertragen. Ich schaffte es kaum, die Füße in mein geliebtes

Wasser zu tauchen. Irgendwie war ich nicht ich selbst. Und weil ich damals noch nichts von der (Energie)Transformation des Körpers und des Energiefeldes und dessen (Aus) Wirkungen wusste, war ich sehr enttäuscht und hoffte auf einen Infekt, den ich nach ein paar Tagen mit Hilfe der frischen, salzigen Luft überstanden haben würde und meinen Aufenthalt doch noch genießen könnte. Bis es so weit war, konnte ich die Zeit nicht wie gewohnt in der Sonne, auf den Felsen und am Wasser verbringen. Im Zimmer zu bleiben war aber keine wirkliche Option. So entschied ich mich für die bekannte und schattige Waldtour. Es war Anfang September und ich hoffte, noch ein paar reife Feigen zu finden. Es faszinierte mich, dieses Obst sonnenreif, direkt vom Baum zu pflücken und frisch zu kosten. Was für eine Symbolik!

***

Damals dachte ich so aber nicht. Ich war eine pragmatisch, logisch denkende junge Frau, mit beiden Füßen fest im Leben verankert, sich um sich selbst und das eigene Wohl kümmernd, das eigene Geld verdienend und ausgebend. Alles war gut. Nur mit der Gesundheit stand ich auf Kriegsfuß. Anfang des Jahres war es fünf Jahre her, seit ich in einer internationalen Spedition arbeitete und mich dort mit meinen neunundzwanzig Jahren auf den, damals für die Frauen dort, in der Firma möglichen Höhepunkt der Karriereleiter katapultiert hatte. Alles lief gut. Ich hatte meine eigenen Kunden, die ich betreute, reiste durch halb

Europa und plötzlich, irgendwann im Frühjahr, bekam ich (drei Jahre vor den schon beschriebenen Krämpfen im Kopf) mitten im Büro aus heiterem Himmel Atemnot und dadurch gleich auch eine mitgelieferte Panikattacke. Trotz des offenen Fensters konnte ich nicht durch- und nicht einatmen. Wie seltsam es auch klingen mag, hätte ich tatsächlich nicht atmen können, wäre ich wahrscheinlich bereits nach fünf Minuten tot gewesen. Ein Kollege chauffierte mich sofort in das nahe Krankenhaus, wo sie mich über die Nacht zur Beobachtung behalten wollten und ich gleichzeitig die aktuellen Umstände des paradiesischen westlichen Gesundheitssystems kennenlernen durfte. Es gab nämlich kein freies Zimmer und so hätte ich die ganze Nacht in einem Bett auf dem Gang verbringen müssen. Nach einer circa fünf Minuten dauernden Befragung und Untersuchung wurde festgestellt, dass meine Sauerstoffsättigung in Ordnung war. Sprich: ich musste genug geatmet haben. Also war es anscheinend „nur" eine Panik, und ich bekam irgendein Beruhigungsmittel mittels Infusion verabreicht, die über eine Stunde lang, auf dem Gang liegend, in mich hineintröpfelte. Aber warum hätte ich eine Panik haben sollen, wenn ich selbst kein Grund für Panik sah, bevor ich die Atemprobleme bekam? Panikattacke und Atemnot hin oder her, ich hatte keine Lust, eine Nacht zwischen den Kranken, auf dem engen Flur der Krankenstation zu verbringen.

Der Kollege brachte mich netterweise auch nach Hause und ich, in meiner Not, nicht wissend, was ich für mich tun sollte – das Atmen fiel mir ja noch immer schwer – suchte nach einem Rat in meinem Buchregal und da fiel mir ein Buch ins Auge, das ich noch nicht gelesen hatte. Das war seltsam, da ich normalerweise jedes neue Buch sofort verschlang. Dieses aber war irgendwie untergegangen und das noch dazu jahrelang. Matt erinnerte ich mich, dass ich es einmal von meiner Mutter zum Geburtstag geschenkt bekam.

Die Prophezeiung der Celestine von James Redfield las ich auf dem Umschlag und dachte zu verstehen, warum es liegengeblieben war. Der Titel sagte mir so gar nichts. Ich war nicht abergläubisch, machte mir aus über meinen Weg laufenden schwarzen Katzen und zerbrochenen Spiegeln nichts und irgendwelche Wahrsagungen oder Prophezeiungen belächelte ich zwar nicht, aber ich hielt mich nicht für die Sorte Mensch, die damit etwas anfangen konnte. Ich hatte genug aktuelle und akute Probleme, als mich noch mit der möglichen, von jemandem prophezeiten Zukunft oder anderem Okkulten zu beschäftigen. Dagegen schien es mir mit der Astrologie und Numerologie anders zu sein. Damit konnte ich unmittelbar am jeweiligen Tag oder innerhalb der Woche etwas anfangen und zu verstehen versuchen, warum mir gerade das geschah, was mir in dem Moment geschah. Nun aber, in der Not und aus Mangel an Alternativen und auch zwecks Ablenkung von meinem Zustand, begann ich in dem Buch zu lesen. Dem Zweck der Ablenkung wurde gedient. Das Buch hatte mich nach einigen Seiten fest im Griff. Es war anders als alles, was ich bis dahin gelesen hatte. Es war anders als Cayce, anders als die Einweihung. Obwohl Cayce selbst Zukunftsvorhersagen machte, blieb er für mich praktisch und am Boden. Dieses Buch jedoch versprach irgendwie den Himmel.

Nach dem „Studium" der ersten neun Prophezeiungen begann sich meine Sicht der Welt, die Wahrnehmung und das Denken entweder zu verschieben oder zu verändern. Ich hielt auf einmal nach Synchronizitäten[5] Ausschau, die mich durch mein Leben führen oder mir Lebensgeheimnisse offenbaren sollten. Bei vielen Alltagssituationen begann ich mich nach und nach zu fragen, warum sie ausgerechnet so geschahen und was sie mir dadurch mitteilen wollten.

So richtig unheimlich wurde es, als ich im Frühsommer von der Arbeit nach Hause kam, das Fenster weit öffnete und die Gardine als Schutz vor den unwillkommenen Mücken zuzog, mich auf mein Sofa legte, um die frische Luft und die Stille der Abenddämmerung im Halbschlaf zu genießen. Ich war wahrscheinlich eingenickt, als mich auf einmal ein lautes Geräusch aus dem Traumausflug riss. Es dauerte einen kurzen Augenblick bis ich mich aus meinem Traum löste und im Zimmer orientierte.

---

5 Als **Synchronizität** bezeichnete der Psychologe Carl Gustav Jung zeitlich korrelierende Ereignisse, die nicht über eine Kausalbeziehung verknüpft sind (die also akausal sind), jedoch als miteinander verbunden, aufeinander bezogen wahrgenommen und gedeutet werden. (Quelle: Wikipedia)

Und dann sah ich auch schon die Ursache, die mich so schlagartig geweckt hatte: Die Gardine war anders.

Es schien so, als habe jemand mit einer einzigen Handbewegung den Vorhang auf die Seite geschoben. Bevor ich das jedoch verstandesmäßig realisierte, stellten sich mir auch schon die Haare auf dem ganzen Körper auf und eine Art Schüttelfrost ließ mich erschaudern, während der Kopf eifrig nach einer logischen Erklärung zu suchen begann. Es hätte doch nur der Wind sein können. Nur: es gab keinen! Draußen herrschte nach wie vor dieselbe abendliche Stille. Nichts deutete darauf hin, dass auch nur eine kurze Böe die Gegend durchgewirbelt hätte. Aber es musste so gewesen sein. Probehalber schob ich die Gardine wieder vor das Fenster und dann versuchte ich sie mit einem Zug auf die Seite zu schieben. Meine Befürchtung bestätigte sich. Ich kannte ja meine Wohnung. Die Gardine war selbst genäht, glitt nicht leicht über die Schiene und blieb circa alle zwanzig Zentimeter hängen. Ich brauchte drei „Anläufe", um sie auf die Seite zu bekommen. Wie hätte es der Wind, den es nicht einmal gab, schaffen sollen?

Nun ja ... Da ich an dem Tag gute Laune hatte, beschloss ich, der Sache nicht mehr auf den Grund zu gehen und mich dadurch selbst verrückt zu machen. Es bestand ja auch die Möglichkeit, dass ich die Gardine gar nicht zugezogen hatte und nur dachte, ich hätte es getan. Aber was war dann das Geräusch, das mich weckte?

Wie auch immer. Ich sagte, ich wollte mir keine Gedanken mehr darübermachen, schaltete den Fernseher ein und ließ mich unterhalten, bis ... einige Stunden später das Telefon läutete und mein damaliger Freund mir mitteilte, dass er gerade seinen Vater, den ich sehr mochte, erhängt in der Küche gefunden hatte. Er hatte Selbstmord begangen. Das, was mir in diesem Moment am meisten Angst einjagte, war, dass ich gar nicht überrascht war und sofort wusste, dass dies der Grund war, warum die Gardine „von Selbst" auf die Seite geschoben worden war. Als wäre der Vorhang der Illusion für mich auf die Seite geschoben worden, damit ich einen Blick durch das Fenster in eine andere Welt werfen konnte. Zumindest für einen Augenblick? Woher kamen solche Gedanken und Schlussfolgerungen? Es war doch eine schreckliche, eine dramatische Situation, und doch wusste ich in mir, dass es dem Vater gut ging, dass er es so wollte und dass er zu mir gekommen war, mir dies mitzuteilen, damit wir kein „Drama" daraus machten.

So kannte ich mich nicht. Wirklich nicht.

Ich bin also ruhig geblieben. Legte bedächtig den Telefonhörer auf, setzte mich im Lotussitz dem Fenster gegenüber, schaute ins Nichts hinaus und lauschte irgendwohin. Aber es geschah nichts mehr. Es war friedlich. Für so einen Umstand für mich ungewöhnlich, legte ich mich schlafen und schlief auch ziemlich bald ein, bis mich wieder, zum zweiten Mal an diesem Tag, ein lauter Knall aus dem Schlaf weckte. Diesmal schien es aber jemand richtig auf mich abgesehen zu haben. Es passierte nämlich direkt neben mir. Mitten in meinem Traum explodierte es wie eine Bombe. Es gab für mich keine Zeit um aus dem Schlaf anzukommen, mich zu orientieren oder umzuschauen. Ich sprang wie auf einen Befehl aus dem Bett und sah sofort das Desaster. Mein großer, geliebter, aufgepäppelter Philodendron war aus einem Regal in fast zwei Meter Höhe gefallen und der schwere Blumentopf auf dem Boden zerschellt, nur einige Zentimeter von meinem Kopf entfernt. Die Blumenerde war im halben Zimmer verstreut, während die Pflanze selbst unversehrt geblieben war. Jetzt bekam ich es aber „endlich" mit der Angst zu tun!

***

Ähnliche Angst stieg in mir in dem Moment plötzlich hoch, als ich einige Monate später in Kroatien realisierte, dass die Suche nach den Feigen mich von meiner bekannten Route weggeführt hatte und ich, wie aus einer Art Trance zu mir kam, und gar nicht wusste, wie ich zu dem einen einzigen Feigenbaum gefunden hatte, der alleine mitten in der Gegend stand und wie lange ich überhaupt gebraucht hatte, um dorthin zu kommen. Ich war in einigen hundert Metern Höhe, das spürte ich, aber rund um mich war überall dorniger Wald, der mir jegliche Sicht auf das Meer oder andere Orientierungspunkte versperrte. Wie hatte das geschehen können, dass ich einen Teil der Strecke absolut verschwitzte? Wo, in welchen Gedanken war ich versunken?

Ich wurde mir meines fiebrigen Zustands wieder bewusst. Meine trockenen Lippen meldeten mir, dass ich etwas trinken sollte. Nur hatte ich nichts zu trinken mitgenommen. Ich entfernte mich normalerweise nicht für länger als eine Stunde vom Hotel. Auf einmal bekam ich höllische Angst, während sich die Sonne ganz ruhig zu ihrem Abendspaziergang bereitmachte, um es sich bald hinter der nächsten Bergspitze bequem zu machen.

Seltsamerweise stand der Feigenbaum direkt an einer Kreuzung. Das sah ich aber erst, als ich mich zu orientieren bemühte und merkte, dass genau von dort, wo ich stand, mindestens vier Wege in vier verschiedene Richtungen führten. Es war die kroatische Einöde. Soweit ich wusste, passierten nur die Einheimischen diese Wege zu ihren Olivenhainen. So gab es keine Pfeile, keine Wegweiser und Beschilderungen. Die Situation wäre kaum so tragisch geworden, wäre mir im nächsten Moment nicht eingefallen, dass ich eine falsche Wahl treffen, mich für einen falschen Weg entscheiden und mich damit auf eine falsche Route stundenlang durch die umliegenden Berge schicken könnte, immer weiter weg von der Zivilisation, statt zur Küste und zum Hotel. Und das in der Dunkelheit, da die Nacht nahte, ohne Wasser und in meiner fiebrigen Verfassung.

Was hatte ich mir nur dabei gedacht, dass ich mich in diesem Zustand überhaupt auf die Wanderung gemacht hatte? Warum konnte ich nicht einfach ein, zwei Tage im Hotelzimmer aushalten? Warum konnte ich nicht zum Arzt gehen und mir, wie üblich, Antibiotika verschreiben lassen? Panik, Panik, Panik! Ich, die Panik und die karge, dornige Landschaft, die mich dazu einlud, eine Entscheidung zu treffen, die verheerend sein konnte. Wenn ich mich für den falschen Weg entschiede, wann würde ich merken, dass er falsch war? Wann würde ich dann auf die Idee kommen, umzukehren und würden mir dann für den Rückweg noch meine Kräfte reichen? Und wenn ja, käme ich wieder heil auf dieser Kreuzung an? Und was dann? Dann stünden vor mir noch immer weitere drei Möglichkeiten. Ein russisches Roulette, das ich zu spielen nicht wagte.

Neben meiner Verzweiflung stand der wunderschöne Feigenbaum freundlich und verständnisvoll friedlich mit mir da und mit einer Hand bot er mir die ersehnte Feige an. Ich nahm sie dankbar an, weil sie eine Erfrischung versprach, aß sie aber unbewusst, während ich weiterhin zu feige (!) war, einen Weg auszuwählen. Und auf einmal ... ein Wunder! Auf einem dieser Wege zeichnete sich in der Ferne eine Gestalt ab und näherte sich. Ich konnte es nicht glauben! Ich war doch nicht seelenallein!? Eine ältere Frau schritt ganz ruhig in einem gleichmäßigen Tempo den Weg entlang, als gäbe es keinen Notfall und blieb dann bei mir stehen. Sie betrachtete mich kurz und dann den Rest der Feige in meiner Hand, lächelte mich flüchtig an und begann mit mir – als wäre ihre Anwesenheit nicht schon ein Wunder genug – auf Deutsch zu sprechen. Es stellte sich heraus, dass sie eine deutsche Aussteigerin war, die schon seit Jahren in dieser Gegend lebte und gerade ihren wöchentlichen Spaziergang zur Küste machte, aber zu einer anderen Bucht als zu der, in der mein Hotel lag. Sie deutete mir locker auf den, von mir aus gesehen, rechten Weg, während sie den linken Pfad nahm und ich in meiner Starre noch einen Moment bewegungsunfähig dastand, nicht verstehend, wie mir gerade geschah.

Panik war also nicht mehr notwendig. Zum Hotel hatte ich höchstens eine Stunde. Das konnte ich noch locker während der Dämmerung mit dem letzten Tageslicht schaffen. Und doch entschied sich die Panik, bei mir zu bleiben. Sie wollte mich nicht verlassen, beinahe, als traute sie dem Ganzen nicht und wäre bereit, ihre Hand erst dann von mir zu nehmen, wenn ich in meinem Hotelzimmer endlich das Licht einschalte. Da fiel mir ein, dass ich mich bei der Frau gar nicht bedankt hatte. Gleichzeitig schämte ich mich für die Feige, mit der sie mich erwischt hatte, die ich wahrscheinlich von jemandem Baum gestohlen hatte. Es waren sicher nur zwei Sekunden vergangen, seitdem sie sich von mir verabschiedet hatte, aber der linke Pfad, der bis zum Waldrand mindestens dreihundert Meter lang war, war leer und die Deutsche war nirgendwo zu sehen. Meine Knie wurden auf der Stelle weich. Sie konnte unmöglich in einem solch winzigen Moment schon den Wald erreicht haben. Unwillkürlich tauchten in mir die Geschichten aus den Celestinischen Prophezeiungen auf und ich verstand auf der Stelle, was James Redfield mit Synchronizitäten meinte. Aber wohin die Frau verschwand und woher sie kam und wieso sie mit mir Deutsch gesprochen hatte – das war doch alles auf einmal viel zu viel für mich. Mit zittrigen Knien und der geistigen Verwirrung machte ich mich auf den Weg, den mir eine Frau empfohlen hatte, die vielleicht gar nicht existierte. Nein, ich durfte in diesem Moment nicht nachdenken. Ich musste ins Hotel, etwas trinken, essen, mich stabilisieren und dann ... dann gab es wieder ausreichend Zeit zum Nachdenken. Aber warum ging ich davon aus, dass mich der empfohlene Weg tatsächlich zum Hotel bringen würde?

Nach zehn Minuten des Gehens lichtete sich tatsächlich der Wald und ich erblickte das Meer. Es bot sich mir das bekannte Bild. Ich erkannte die Gegend und meine Orientierungspunkte wieder. Bald konnte ich auch das rote Dach des Hotels sehen. Eigentlich war ich nur zehn Minuten von meinem gewohnten Pfad abgewichen – wie peinlich! Zehn Minuten Zeitriss, ein Blackout, ein Ausflug in eine andere Dimension (?) und eine Rückkehr zurück in meine Welt mit Hilfe einer Frau, die existiert haben musste, weil sie mir sonst nicht den richtigen, bzw. den rechten Weg hätte zeigen können. Aber wo und in welcher Welt war sie zu Hause?

Nach diesem Ereignis war endgültig in meinem Leben nichts mehr wie zuvor und ich war definitiv nicht mehr dieselbe.

KRIBBELN

Noch eine Geschichte tauchte in meiner Erinnerung auf, während ich von der slowakischen Heilerin wieder Richtung Wien fuhr und ich mich von dem Schock, nachdem ich beinahe in einem Graben gelandet war, einigermaßen erholt hatte.

Es war ein sommerlicher Tag, kurz vor meinem dreißigsten Geburtstag. Ich traf mich mit einem Freund, dem ich von dem Einweihungsbuch erzählte und er hatte auch gleich noch einen Bekannten zu unserem Treffen mitgebracht, der sich für spirituelle Themen interessierte und mit mir über das Buch, das ich mittlerweile mehrmals gelesen hatte, reden wollte. Ich wählte als Ort des Treffens meinen mir liebsten Platz in ganz Wien: eine Pizzeria auf der Donauinsel, fast schon außerhalb der Stadt, aber doch noch gut mit dem Auto erreichbar. Diese Gegend diente seit Jahren meiner Besinnung und Erholung. Mehrmals pro Woche fuhr ich nach der Arbeit hierher, um entweder inline zu skaten oder einfach nur beim Wasser zu sitzen und die Gedanken frei, in die Weite, entlang des Wassers gleiten zu lassen. Die blaugrüne Donauinsel[6] mit ihrer gesamten Art und

---

6   Die **Donauinsel** ist eine zwischen 1972 und 1988 errichtete, 21,1 km lange und bis zu 250 m breite künstliche Insel zwischen der Donau und der Neuen Donau im Stadtgebiet von Wien und Klosterneuburg. Sie ist Teil des Wiener Hochwasserschutzes und dient zudem gemeinsam mit der Alten und

Beschaffenheit war das, was mir in Wien eine Zuflucht war, wo ich mich in meiner Seele wieder spüren und „nach Hause telefonieren" konnte. Gäbe es diesen Platz nicht, wäre ich schon nach den ersten Jahren in Wien an Trostlosigkeit verkümmert. Hier fühlte ich die Freiheit, die mich seit meiner Ankunft in Wien nur selten besuchte, obwohl ich eigentlich nach Österreich gekommen war, um endlich freier zu sein und freier zu werden, aber noch nicht wissend, dass man sich im Westen die Freiheit vor allem erkaufen und damit auch wahrscheinlich erarbeiten sollte. Meine Vorstellung vom freien goldenen Westen löste sich nach dem Fall des Eisernen Vorhangs ziemlich schnell in eine Erfahrung auf, dass man im Kapitalismus alles kaufen muss – und sei es auch so etwas wie die Freiheit. Ob es wohl Rabattaktionen und Saisonschlussverkäufe für diese Art käuflicher Freiheit gab? Wenn, dann bekam ich kein Flugblatt nach Hause zugeschickt, und auch das wäre egal gewesen, weil das, was man für die ersehnte Freiheit hätte zahlen sollen, im Sinne der kapitalen Wirtschaft sicherlich immer mehr und teurer wurde.

Neuen Donau als Naherholungsgebiet im Wiener Donaubereich. Jährlich findet auf ihr das Donauinselfest statt. Während Nord- und Südteil der Insel naturnah angelegt sind, ist das mittlere Drittel der Insel parkartig gestaltet. Um die Donauinsel zu begrünen, wurden etwa 1,8 Millionen Bäume und Sträucher bzw. etwa 170 Hektar Wald gepflanzt. Zudem wurden ökologische Nischen erhalten oder geschaffen. Das Wasser der Neuen Donau besitzt – ausgenommen nach Hochwasser – Badequalität. Die Donauinsel ist zum Teil auch ein Naturreservat, wo sich seltene Vogel-, Amphibien- und Fischarten, aber zum Teil auch Rehe, Hasen und Biber angesiedelt haben. (Quelle: Wikipedia)

Da stimmte mit der Freiheit etwas nicht, das wusste ich. Und deswegen war die Donauinsel so überlebenswichtig für mich. Was für ein Geschenk! Dort konnte ich mich jedes Mal ganz kostenlos wieder auf mein sicheres Gefühl besinnen, weil, egal was mir die Welt um mich herum einzureden versucht: **die Freiheit ist in mir und dort war sie auch schon immer**. *Aber pssst, bitte nicht weiter verraten, sonst gibt es vielleicht die Nachsinnplätze auf der Donauinsel auch bald nur noch gegen eine Gebühr.*

***

Unter einem bunten Sonnenschirm, an einem Holztisch und auf bequemen Bänken ließen wir uns nieder und bis die echt italienisch wirkenden Pizzas serviert wurden, beobachteten wir alle drei, versunken in eigenen Gedanken, das in der Sonne spielerisch funkelnde Wasser der Donaurinne. Überall herrschte idyllische Ruhe, keine Autobahngeräusche, kein Treiben der Stadt. Die braungebrannte Kellnerin unterbrach unser Nachsinnen und holte jeden von uns aus seinem geistigen Ausflug in die Realität zurück, während sie mit einer freundlichen Geste vor jedem von uns eine lecker duftende Pizza stellte. Und wie auf Kommando begann auch schon der mitgekommene Bekannte zu reden. Ja, er hatte schon einige spirituelle Bücher gelesen, sich auch mit dem Buddhismus ein wenig beschäftigt. Ihn interessiere diese Sache sehr und er überlege, demnächst für einige

Wochen nach Tibet zu fliegen und sich dort der Spiritualität oder wie man es auch nennen möge, zu widmen.

Ich weiß nicht warum, aber irgendwie fand ich den Typen seltsam. Das, was er da gesprochen hatte, kam mir sehr oberflächlich vor und ich hatte das Gefühl, er selbst habe keine Ahnung davon, was er eigentlich meint, wenn er sagt, dass er nach Tibet gehen will. Aber was wusste ich schon von ihm? Ich kannte ihn ja gar nicht! Er war so Anfang dreißig und wenn er meinte, dass er das braucht, dann sollte er es tun. Aber was wollte er eigentlich mit mir besprechen?

Ich öffnete meinen Mund, um ihn danach zu fragen und ohne es selbst kommen zu sehen, sprach sich etwas Merkwürdiges aus mir. Ich hörte mir selbst zu und der Idee, die in Form eines interessanten Gedankenwasserfalls durch meine Lippen floss, begleitet durch seltsam wohltuendes Kribbeln; sich aus meinem Oberkopf über meinen gesamten Körper ausbreitend. Wie aus der Ferne beobachtete ich mich und gleichzeitig sah etwas aus mir mit festem Blick in die Augen des mir Fremden, unterdessen ich von Kopf bis Fuß und wieder zurück erschauerte und eine Gänsehaut am gesamten Körper bekam. Während ich versuchte den frechen, mir nicht eigenen (oder doch?) Redeschwall zu stoppen, spürte ich deutlich, dass irgendwas, an dem was ich da gerade von mir gab, dran war. Und nicht nur das. Ich spürte die Wahrheit dahinter, wenn man es so bezeichnen mag. Ohne es zu wissen, ohne scheinbar etwas dafür zu tun, befand ich mich in einem neuen Zustand erweiterter Klarheit und Wahrnehmung. Ganz klar nahm ich meine Verbundenheit mit der in der rötlichen Sonne badenden Umgebung wahr, sprach währenddessen zu dem Typen aus einer neuartigen Perspektive, die bewirkte, dass ich irgendwie durch ihn hindurchschaute und auf eine ungeahnte Art die tiefe Wahrheit hinter „meinen" Worten fühlte:

„Warum glaubst du nach Tibet fliegen zu müssen, um spirituelle Erfahrungen zu machen und spirituell zu werden? Glaubst du wirklich, man braucht dafür ein Kloster? Was wäre, wenn du deiner eigenen Spiritualität dort zuerst begegnest, wo du gerade bist und dich dem öffnest, was hier und nicht in weiter Ferne auf dich wartet? Die Spiritualität kann man überall leben. Das, wohin du willst, ist nur deine Vorstellung einer Spiritualität!"

Wow! Das sprach ausgerechnet ich, die immer aus Österreich und der Slowakei wegmusste, um sich wohl zu fühlen???

Ich, deren beste Freundin in Nepal lebte und ein anderer Freund als ein Swami in Australien wirkte und ich ihnen irgendwann nachreisen wollte? Warum sprach ich also so etwas aus? Es vertrug sich so gar nicht mit meiner eigenen

Sehnsucht, ferne Länder zu erfahren und zu bereisen? Wie konnte ich ihm nur so etwas sagen? So eindeutig, so streng, fast zu streng?

Aber ich fühlte die Wahrheit und die Kraft hinter diesen Worten. Der Angesprochene hörte zu. Dann dachte er kurz nach und dann sah ich, wie sich seine Augen veränderten. Als hätte er einen Vorhang vorgeschoben. Er wechselte das Thema, sprach mich auf das Einweihungsbuch an. Er wollte es sich unbedingt ausborgen und lesen. Ich hatte das Buch mit, das zur damaligen Zeit meinen größten Schatz darstellte und mit meinen persönlichen Markierungen und Notizen versehen war. Halb freiwillig reichte ich ihm das Buch, während mich wieder ein kurzer Schauer überkam und ich wusste, ich werde das Buch nie wiedersehen. Es wäre aber nicht zum ersten Mal in meinem Leben, dass ich etwas, dass mir wichtig war, loslassen musste. Aber halt! Warum sollte ich es eigentlich nie wiedersehen? Wie wollte ich es wissen? Warum unterstellte ich diesem Mann, den ich gar nicht kannte, schon im Voraus etwas?

Auf einmal wusste ich nicht, wohin ich schauen sollte, damit er mein Misstrauen ihm gegenüber in meinen Augen nicht erblickte. Ich wollte doch nicht misstrauisch sein!

Hm ... Heißt das, ich wollte nicht sehen, was mir meine Augen zeigten, was sie in dem Moment fähig waren zu sehen? Ich wollte jemanden anderen vertrauen, aber mir nicht??? Warum wollte ich nicht die Möglichkeit sehen, dass er verrannt war und etwas wollte, was so nicht zu bekommen war?

Ich konnte mir einfach nicht vorstellen, wie es dazu kommen sollte, dass ich so etwas konnte und für andere (besser) wusste. Seine Einstellung und Logik waren doch üblich, verständlich, normal. In den westlichen Ländern war man so aufgewachsen und erzogen worden und lernte, dass man sich mit einem passenden Geldbetrag so ziemlich alles kaufen konnte; wahrscheinlich auch die gewollte spirituelle Erfahrung, samt einer Erleuchtung im Bonuspaket. Und diese waren zu dem Zeitpunkt scheinbar noch nicht in Österreich, sondern nur auf den tibetischen und indischen Märkten vorhanden.

Bis wir uns endlich verabschiedeten und jeder wieder in sein eigenes Leben eintauchte, bekam ich richtig Bauchweh. Es rumorte in mir und ich war froh, mich zu Hause vor den Fernseher zu setzen. Ich war ziemlich verwirrt, verstand mich selbst nicht. Ich sprach doch nie so mit den Menschen! Auf der anderen Seite fand ich „meine" durchgelassene Aussage für mich selbst besonders interessant und wichtig. Ich wusste, dass ich eine Erfahrung gemacht hatte, in welcher etwas durch mich sprach, etwas „Höheres", das ich so mit dem Verstand nicht erfassen konnte. Vielleicht meine Seele??? Der Platz, mein Wiener Kraftplatz, hat es sicher begünstigt, fiel mir noch dazu ein …

Ein ungewöhnliches Kribbeln auf meinem Oberkopf riss mich weg von der Wiener Donauinsel und aus meinen Erinnerungsgedanken und ich fand mich wieder Auto fahrend unterwegs von meiner ersten unheimlichen „Behandlung". Ich lauschte dem Kribbeln aufmerksam, während ich merkte, dass ich längst die Grenze passiert hatte und gerade an der Stelle vorbeifuhr, wo ich vormittags mein ungeküsstes Date verlassen hatte. Plötzlich war die ganze Lebendigkeit des Vormittags wieder in mir und ich wunderte mich, wo ich gerade war, aus welcher Sphäre ich gerade auftauchte. Das Kribbeln an meinem Kopf hörte nicht auf, bis ich zum Telefon griff und mein „Fitnesstrainer" am anderen Ende mit den Worten abhob: „Ich wollte dich gerade in dieser Sekunde anrufen, weil ich mir dachte, du müsstest jetzt von deinem Termin zurück unterwegs sein". Mein Herz lachte, ich konnte plötzlich aus der sich in mir entfesselnden Freude kaum das Lenkrad halten. Kurz fragte er mich, wo ich bin und wie es war, dann unterbrach er mich und meinte: Was, wenn ich noch bei ihm vorbeifahre und ihm persönlich alles erzähle? Was ich bis dahin nicht wusste: Er wohnte gar nicht in Wien, sondern auf meinem Weg dorthin. In zwanzig Minuten konnte ich also bei ihm sein. Was für ein Tag! Er fing mit einem Date an und sollte mit einem weiteren auch enden. Vielleicht konnte ich mir doch noch den Kuss abholen :)

Schwelle

Nach der Hochzeit, die fast auf den Tag genau, ein Jahr nach unserer ersten Begegnung stattfand, zogen wir in eine wunderschöne, helle, offene Maisonettewohnung. Kaum Trennwände, weitläufig – etwas, was wir uns beide immer gewünscht hatten. Unserem gemeinsamen Glück sollte nichts mehr im Wege stehe. Bis …

Circa zwei Monate nach dem Umzug, als wir uns fertig eingerichtet und die ersten Besuche und Wohnungsbesichtigungen hinter uns hatten, hätte endlich das „normale" Leben in der so langersehnten Zweisamkeit beginnen sollen. Stattdessen träumte ich in unserem gemütlich eingerichteten, freundlichen Schlafzimmer eines Nachts einen Traum, der mir einen gewaltigen Schrecken einjagte. Bewusst erwacht bin ich in dem Traum in einem Moment, als ich vor einem riesigen Fenster stand, das fast wie ein Tor bis zum Boden reichte und ich mich noch vage an das zuvor Erlebte erinnerte. Ich wusste noch, dass dort im Traum, vor dem Fenster, eine wunderschöne Welt lag, in der es keine Sorgen und Probleme gab und in der ich mich schwebend leicht bewegen konnte. Ich wusste auch, dass ich vor dem Bewusstwerden im Traum noch alle Informationen hatte, was das für eine Welt war und was ich mit ihr zu tun hatte. Jedoch, durch meine auch im Traum erwachte Menschlichkeit verschwanden diese Informationen bzw. wurden mir irgendwie genommen. Es blieb nur die Erinnerung an das Wohlgefühl und dass mir die Welt bekannt war. Im Traum stand ich gleichzeitig vor dem Fenster und vor einer Entscheidung. Entweder ging ich gleich über in „das Licht", von dem ich wusste, was mich erwartete und nach welchem ich mich eigentlich auch sehnte oder ich blieb dort wo ich war, vor dem Fenster. Dann aber sollte dieses gleich zugehen und ich würde sofort vergessen, wie und was es mit der Welt auf der anderen Seite auf sich hatte. Überschritt ich die Schwelle, würde sich das Fenster hinter mir schließen und ich würde nicht mehr in die Welt, in der ich stand, zurückkehren können. Die ganze Szene dauerte nur einen kurzen Augenblick und ich war sehr versucht, die Schwelle zu übertreten. Aber plötzlich erinnerte ich mich an meinen Mann und eine verwunderte Frage stieg in mir wie vom Selbst hoch: Was würde mit ihm sein, wenn ich die Schwelle übertrete und in das Licht gehe? Ohne groß zu überlegen, entschied ich mich für meinen Partner, was zugleich bedeutete, vor dem Fenster zu bleiben. In diesem Moment der Entscheidung und der Ausrichtung auf ihn, spürte ich, wie der Schleier des Vergessen wieder über mich fiel, das Fenster zugemacht und ich zurück in mein irdisches Bett katapultiert wurde, wo ich augenblicklich neben meinem Geliebten aufwachte.

Zuerst war ich von der Dimension und der Intensität des Traumes enorm beeindruckt und hatte das unbeirrbare Gefühl, ein wenig Einblick in das Ewige erhascht zu haben, das mir unerwarteterweise so nah und keinesfalls unbekannt war, sondern das ich erstaunlicherweise genau kannte. Das war sehr interessant und beruhigend. Ich war knapp davor, meinen Schatz zu wecken, um es ihm sofort zu erzählen. Dann schaltete sich bei mir das kleinmenschliche Tagesbewusstsein ein und damit auch der zweifelnde Verstand, der sofort eine Lücke in dem eben Erlebten fand. Plötzlich stellte er mir die Frage: Was wäre mit mir als Mensch im Körper geschehen, hätte ich mich für die andere Seite entschieden und wäre in das Licht hinübergegangen? Mein Gehirn holte erstaunlich schnell einige Berichte heraus, die ich entweder in dem Buch von Raymond A. Moody über das Leben nach dem Tod gelesen hatte oder von anderen Menschen, die ihren eigenen Tod überlebt hatten und darüber berichteten, wie sie durch einen Tunnel einem Licht entgegen schritten und: dass der Übergang in das Licht, das endgültige Verlassen der irdischen Ebenen bedeutet hätte.

Wa-a-a-s??? Es war also schon soweit für mich? Das sollte es gewesen sein? Bekam ich bereits damals das Angebot, mit meinen dreiunddreißig Jahren, so frisch nach der Hochzeit, glücklich, munter und gesund in das Licht überzugehen, zu sterben?

Wie wäre das vonstattengegangen? Eine einfache Entscheidung vor einem Fenster für die andere Seite und mein Mann wäre in der Früh neben einem leblosen Körper aufgewacht?

Wie konnte das sein? Wie konnte so etwas geschehen? Warum war schon meine Zeit gekommen? Jetzt, wo ich endlich glücklich werden und mein Leben erst so richtig anfangen konnte?

Wenn dem Abenteuer zu zweit, dem Genießen und dem Erkunden nichts mehr im Weg stand? Und warum war mein Mann das Einzige, das mir einfiel, und auf Grund dessen ich mich für die Seite vor dem Fenster entschieden hatte?

Ich verstand es nicht. Meine Gedanken begannen zu rotieren, aber es brachte nichts. Ich konnte keine Logik in dem gerade Geschehenen bzw. Geträumten entdecken. Etwas passte nicht zusammen. Einerseits dieses wunderbare Gefühl des Wissens über die Welt auf der anderen Seite des Fensters, das mir eine enorme Sicherheit gab, auf der anderer Seite das scheinbare Erkennen, dass ich einfach so, nur, weil ich in dem Moment anders gewählt hätte, bereits hätte tot sein können. Das packte ich überhaupt nicht. Musste ich von nun an um mein Leben fürchten? Konnte es seit diesem Ereignis jederzeit soweit sein? Ohne mein Bewusstsein? Einfach durch eine Entscheidung im Traum?

Bis es hell wurde und mein Auserwählter endlich aufwachte, drehte ich fast durch. Wie sollte ich eine Antwort auf das Rätsel, das zuerst keines gewesen war, finden? Und wenn ich eine Antwort gefunden hätte: Wer hätte mir bestätigen können, dass sie die richtige sei? Schnell erzählte ich ihm von meinem Traum und er war, so wie ich, schwer davon beeindruckt, dass ich mir so etwas überhaupt hatte merken können und mich an einen so tiefen Traum erinnerte, da er das selbst nicht konnte. So wie er sich schlafen legte, so wachte er in der Früh auch auf, einfach ausgeschlafen oder auch nicht, ohne scheinbare besondere Vorkommnisse, auch wenn manchmal in ihm ein Gefühl auftauchte, dass in der Nacht etwas los gewesen war, er aber keine Ahnung hatte, was. Er meinte, ich sei eine Träumende und besuche in der Nacht andere Welten, so wie es Don Juan Matus in Carlos Castanedas Erzählungen[7] tat und so, wie es viele Menschen anstrebten, die Kunst des Träumens zu erlernen und dafür jahrelang übten. Und ich tat das einfach so ... Ich sollte mich freuen! Es war eine Gabe, ein interessantes Talent!

---

7 **Carlos Castaneda** war ein US-amerikanischer Anthropologe und Schriftsteller brasilianischer und peruanischer Abstammung. In den 1970er und -80er Jahren erlangten seine Bücher internationale Popularität. Darin berichtete er, dass er im Rahmen seiner Studien über die Indianer Mexikos und deren Gebrauch von Heilkräutern und Heiligen Kakteen (Peyote) einen Yaqui-Indianer namens „Don Juan Matus" kennengelernt habe und von ihm eine Sichtweise von Wirklichkeit (separate reality) mit Hilfe bewusstseinserweiternder natürlicher Drogen gelernt habe, die seinen bisherigen wissenschaftlichen und religiösen Welterklärungsmodellen widersprach. Castaneda beschrieb in seinen Büchern (siehe Werke) in autobiografischem Erzählstil, wie er das ihm von Don Juan vermittelte Wissen erlangte und im Laufe der Zeit seine eigene Stellung im Leben auf diesem „Pfad des Wissens" erkannte. Eine Aussage, die hinter den „Lehren des Don Juan" in Castanedas Werken steht, lautet: Der Mensch und die Welt, die ihn umgibt, sind ein unergründliches Geheimnis; nur wer den „Weg des Herzens" geht und immer seinem Herzen folgt, kann den „Weg des Kriegers" beschreiten, sein Bewusstsein erweitern und seine Lebensenergie effektiver nutzen. Dies geschehe, indem nach und nach eine Umverteilung der Lebensenergie vorgenommen, deren Quantitäten aus unsinnigen Handlungen immer mehr abgezogen und das frei gewordene Potenzial in konstruktive Aktivitäten investiert werde. (Quelle: Wikipedia)

Der möglichen Aussage des Traumes, dass ich bereits tot sein könnte, hätte ich mich für die andere Seite entschieden, maß er nicht besonders viel Bedeutung bei. Aber er verneinte sie auch nicht, um mich zu beruhigen. Das beunruhigte mich noch mehr. Er war doch derjenige, der sich schon seit über zwölf Jahren mit Energiearbeit beschäftigte und über die Anderswelten Bescheid wusste, zumindest mehr als ich. Tensegrity, Energieübungen, die Carlos Castaneda angeblich entwickelt hatte, durch die man Aufmerksamkeit und Wahrnehmung schärfen und sensibilisieren sollte, gehörten zu seinem Alltag. Ich hingegen hörte an diesem Tag zum ersten Mal von Carlos Castaneda, beobachtete aber meinen Mann oft bei seinen morgendlichen Energieübungen. Tai-Chi war mir ein Begriff. Nun aber erklärte er mir, dass sie aus Qi-Gong und Tensegrity selbst weiterentwickelte Übungen waren, die ihm halfen, seine Energie in Fluss zu bringen, sich von alten und abgestandenen Energien zu lösen und sich mit neuer, frischer Energie aufzuladen. Ich hatte damals keine Ahnung, was er damit meinte. Aber er tat es mit großer Hingabe und scheinbar tat es ihm gut. Unabhängig davon meinte er, ich müsse von Carlos Castaneda schon gehört haben, weil ich einen Band von ihm in meinem Buchregal stehen habe!

DER RUF

Erstaunlich! Es gab also noch ein ungelesenes Buch in meiner Bibliothek?! Eines, das ich von meinem „Swamifreund" bekommen hatte, bevor er zu seiner zugeteilten „Außenstelle" in Australien abgereist war. Ich erinnerte mich: Ich war erst vierundzwanzig Jahre alt und blätterte damals das Buch durch, musste aber feststellen, dass meine damaligen Deutschkenntnisse, oder eher mein (Deutsch)Bewusstsein nicht ausreichten, um es zu lesen. Es kam mir schwer und düster vor. So legte ich es in einer Ecke ab, als eines der Geschenke, die man ehrt, weil man sie vom Herzen geschenkt bekommen hat, aber man selbst nichts „Praktisches" damit anfangen kann. Bis ... zehn Jahre vergangen sind und ich diesen merkwürdigen, mir Angst einjagenden Traum träume. Und siehe da, obwohl Carlos Castaneda unzählige Bände über die Lehren des Don Juans schrieb, welchen besaß ich seit Jahren? Selbstverständlich den über die Kunst des Träumens! Unglaublich.

Ich stürzte mich sofort ins Lesen – in der Hoffnung, mögliche Antworten auf das eben Erlebte zu finden. Es wundert sicher niemanden, dass ich diesmal alles verstand und dass es mich faszinierte. Man konnte nämlich – laut diesem Buch – mit den Träumen arbeiten, in ihnen aufwachen, sie verändern und bewusst in sie eintauchen, um dadurch andere

Welten, andere Realitäten und Dimensionen zu besuchen. Ein wenig unheimlich war das schon. Vor allem, wenn man sich zum Beispiel freiwillig in einem Traum, der aber in diesem Moment des Erlebens als wahre Realität erschien, mutig in einen Abgrund stürzen konnte, um zu sehen, dass einem nichts geschah und man auf diese Weise die Persönlichkeit für weitere Abenteuer, in für den Menschen ungeahnten Realitäten, trainieren konnte. Ob ich so etwas wollte? Besonders sicher war ich mir nicht. Außerdem hatte ich noch in meiner aktuellen Realität genug zu tun und zu entdecken. Aber! Ich war noch gar nicht am Ende des Buches angelangt, als es anfing in meiner eigenen irdischen Realität gespenstisch zu werden.

***

Unser Schlafzimmer befand sich im oberen Stockwerk der Maisonette, und die Wohnung hatte nur eine Toilette, die sich im unteren Stockwerk befand. Wenn ich also in der Nacht zur Toilette wollte, so musste ich die Stiegen heruntersteigen und dann durch ein Zimmer durchgehen, bis ich das WC erreichte. Nichts Besonderes. Nur manchmal, wenn ich mich so halb schlafend zur Toilette begab, noch mitten im Traumgeschehen nicht bereit, es zu verlassen, um es nicht zu verlieren und danach weiter träumen zu können, waren mir die Stufen unangenehm, auf die ich achten musste, um nicht auszurutschen. Sehnsüchtig wünschte ich mir ein Badezimmer auf gleicher Ebene mit dem Schlafzimmer, es war aber leider nicht zu ändern.

So wachte ich einmal mitten in der Nacht auf und nachdem ich zurück vom Bad kam, ging ich noch zum Fenster, um es zu öffnen, weil es mir zu stickig und zu heiß im Schlafzimmer war. Während ich das Fenster öffnete und mich zum Bett drehte, sprang mich von hinten etwas an, hängte sich mir um den Hals und begann mich zu würgen. Ich erschrak ungeheuerlich, fasste mich aber gleich und versuchte um Hilfe schreiend nach meinem schlafenden Mann zu rufen, bekam aber wegen des Würgens keinen Laut aus der Kehle. In meiner Reichweite wusste ich einen Lichtschalter, den ich zu betätigen versuchte und hoffte, dass das Licht meinen Liebsten wecken und er mir aus der unvorstellbar misslichen Lage helfen würde. Nun bekam ich kaum mehr Luft. Der unbekannte Eindringling hing mit seinem gesamten Körpergewicht an mir, während ich mich erfolglos zum Lichtschalter schleppte und anschließend mit letzter Kraft das Bett anvisierte und versuchte, über meinen nichtsahnenden Gemahl zu stürzen, damit er endlich aufwache. Am Rande der Ohnmacht und mit einem letzten Hauch an Kraft erreichte ich die Bettkannte und ließ mich samt dem Überwältiger auf meinen Mann fallen. Und dann ... dann erwachte ich überraschenderweise erneut. Zitternd, keuchend und schweißgebadet merkte ich, dass ich nicht, wie erwartet, auf meinem Mann lag, wo ich dem Erlebten nach hätte sein müssen, sondern in ganz normaler Position auf meiner Betthälfte, während mein Schatz, der mich beschützen sollte, ruhig atmend weiterhin neben mir schlief. Da verstand ich überhaupt nichts mehr. Eben war ich doch aufgestanden, um das Fenster zu öffnen. Das Fenster war jedoch zu. Und dann dieser Kampf um mein Leben! Die letzte

Kraft, der Sturz über den Körper meines Mannes – das war doch kein Traum! Das war echt gewesen, gerade eben! Das war eine, zwar unangenehme, aber lebendige, körperliche Realität, bei vollem Bewusstsein – so hatte ich es erlebt!

Diesmal weckte ich meinen angeheirateten Berater für Anderswelten sofort. Er konnte mit meiner aufgeregten Berichterstattung nichts anfangen, schaute sich aber mir zu Liebe oberflächlich im Raum um. Da seiner Meinung nach sowohl ich als auch alles andere in der Wohnung unversehrt und in Ordnung war, konnten wir weiterschlafen. Um mich zu beruhigen, kuschelte er sich zu mir, umarmte mich und atmete „für uns", damit ich mich entspannte und sicher fühlte und schon schlief er auch wieder wie ein unschuldiges Kind.

Damit hatte sich das aber nicht erledigt! Der mich würgende Besucher kam in den kommenden Tagen und Wochen immer wieder. Es war immer das gleiche Szenario. In der Nacht wachte ich auf, ging die Stufen hinunter zur Toilette, kam die Stiegen wieder hoch und er wartete auf mich. Kurz bevor ich das Bett erreichte, warf er sich mir wieder von hinten an den Hals und würgte mich. Es folgten meine unzähligen Versuche ihn abzuschütteln, ihn loszuwerden, nach meinem Mann zu rufen. Aber es ging nicht. Nichts funktionierte, bis ich wieder, wie beim ersten Mal, erneut im Bett erwachte und merkte, dass ich gar nicht aufgewacht war. Meine Nerven waren alarmiert. Die Beruhigungen meines Partners, dass das alles doch nur ein Traum sei, halfen immer weniger. Jeden Tag fürchtete ich mich immer mehr vor dem Abend und der nahenden Nacht und dem ins Bett gehen. Ich, die das Schlafen und Träumen so liebte! Nach und nach begann ich mich zu verändern. Längst las ich in dem Buch Castanedas nicht mehr. Ich schob es unfertig gelesen auf die Seite, ihm auf gewisse Weise Schuld gebend für mein Unheil. Aber es hörte dadurch nicht auf. Meine, mir bis dahin unbekannte und schreckliche Furcht verließ mich bald auch während des Tages nicht mehr. Ich wusste nicht, was ich unternehmen, wie ich mir helfen konnte und was ich über das Ganze denken sollte. Es schien, ich werde verrückt. So schlug mein Mann vor, dass wir irgendeinen Therapeuten in Wien aufsuchen sollten, jemanden aus der alternativen Szene, der sich mit solchen Phänomenen und „Energien" auskannte und vielleicht einen Rat hatte oder wusste, was zu tun war. So begann die Tortur.

Der eine „Therapeut" war auf Todesenergien spezialisiert und „konnte", ohne je unsere Wohnung betreten zu haben, angeblich eine Menge verstorbener unglücklicher Seelen in unserer sonnigen Wohnung lokalisieren und sie glücklicherweise hinausbegleiten. Ich konnte es ja nicht nachprüfen. Es war nett, mit ihm zu plaudern und etwas über die Wirkung der Todesenergien zu erfahren. Aber wollte ich je so etwas wissen? Ich wollte „nur" nach Hause kommen und dass die Wohnung von dem Spuk einfach wieder frei sei. Sie war es aber nicht.

Es folgte ein Geomant mit seiner Pendelrute, der eine Wasserader und andere Störquellen anhand eines mitgebrachten

Wohnungsplans „messen" und teilweise oder gänzlich entstören bzw. harmonisieren konnte. Meinen nächtlichen Besucher beeindruckte dies aber wenig. Bei anderen Beratern stellte sich weiterhin eindeutig (!) heraus, dass der Energiefluss in der Wohnung ungünstig war. Also musste Feng-Shui angewendet werden[8], das auch noch einen zusätzlichen positiven Effekt haben sollte. Man konnte sich mehr Reichtum und Fülle in die Wohnung, die als Symbol für das eigene Leben stehen sollte, leiten. So kauften wir alle möglichen Bücher zu diesem Thema und versuchten, uns selbst zu helfen, indem wir an den beschriebenen Ecken und Orten Spiegel anbrachten, um die bösen Energien bereits an der Türschwelle abzuhalten – ihnen eindeutig mitzuteilen, dass

---

8 **Fēng Shui** ist eine daoistische Harmonielehre aus China. Ziel des Feng Shui ist die Harmonisierung des Menschen mit seiner Umgebung, die durch eine besondere Gestaltung der Wohn- und Lebensräume erreicht werden soll. Nach der mystischen Vorstellung sollen mit Feng Shui „die Geister der Luft und des Wassers geneigt gemacht" werden können. Feng Shui basiert auf chinesischen Philosophiesystemen, wie der Yin-und-Yang-Lehre, den nach den Himmelsrichtungen ausgerichteten Acht Trigrammen sowie der Fünf-Elemente-Lehre. Seit einigen Jahren erfahren die Lehren des Feng Shui auch zunehmendes Interesse in der westlichen Architektur und Innenarchitektur – es ist auch ein Verschmelzen westlicher Ideen der Esoterik mit Feng Shui zu beobachten. Die Lehre des Qi bildet die Grundlage zur Erschließung des Feng-Shui. Qi ist im Daoismus die unsichtbare Lebensenergie, die überall um uns, in jedem Wesen und jeder Zelle fließt und alles belebt und gestaltet. Gemäß den Lehren des Feng Shui kann Qi nun durch planmäßigen Eingriff in die Architektur akkumuliert und geleitet werden. Die Aufgabe eines Feng Shui-Beraters ist es demnach, die Bewegung des Qi in der Umgebung und im Haus zu erkennen, zu harmonisieren und zu steigern. Eine hohe Ansammlung von günstigem Qi könne zu positiven Ergebnissen bei Gesundheit, Harmonie und Erfolg des Menschen führen. (Quelle: Wikipedia)

sie in unserer Wohnung nichts zu suchen hätten. Wir ordneten die Wohnung um, hängten luftige bunte Tücher auf; ich malte Bilder in den gewünschten Farben für die jeweiligen Räume, entsprechend ihrer Funktion, um sie zu aktivieren, zu beleben und die Geister zu vertreiben. Jeder neue Tag bestand aus der Hoffnung, endlich eine passende Methode und Lösung gefunden zu haben und gleichzeitiger anschließender Enttäuschung, wenn meine Nacht wieder zu einem Albtraum wurde.

Langsam konnte ich mich auf meine Arbeit nicht mehr konzentrieren und glich immer mehr einem Häufchen Elend, wurde zum Schatten meiner selbst und mein Mann mit mir, weil er mir nicht helfen konnte. Der Fehler, das Problem, musste einfach in mir sein oder an mir liegen – anders war es nicht zu erklären. So begannen wir nach einem alternativen Heiler für mich und mein Problem zu suchen.

Die Hoffnung wurde wieder groß, während ich stundenlang mit Nadeln übersät, in dem Behandlungsraum eines Akupunkteurs lag oder während ich bei einem anderen eine gezielte Akupressur bekam. Alle Besuchten wussten mein persönliches Energieniveau, jeder auf seine „Fachart", zu messen und stellten – jeder auf seine Weise – fest, dass ich so wenig Energie hatte, dass ich kaum mehr leben sollte. Selbstverständlich hatte jeder auch seine eigene „Medizin" parat, die ich nur kaufen und lange genug (be)nutzen oder einnehmen musste, um wiederhergestellt, also die Alte, zu werden. Stattdessen wurde es (mir) aber immer wahnsinniger.

Unsere moderne, offene, lichtdurchflutete, helle Wohnung glich nach und nach einer bunten Hommage, an einen Zirkus oder einem billigen Esoterikladen ums Eck. Bunte Tücher und herunterhängende Kristalle harmonisierten die, von den „Fachfrauen" und „Fachmännern" gemessenen räumlichen, Schlüsselpunkte. An der Decke waren energetisierte, deblockierende Spiegel und Tachyonenscheiben angebracht. Der Klodeckel wurde kontrolliert, ob er wirklich auch immer geschlossen war, damit die positive Energie der Wohnung nicht den Kanal runterfloss, während alle Räume regelmäßig ausgeräuchert wurden. Mein Nachttisch war voll mit homöopathischen Mitteln, Bachblüten, Energieessenzen, Aura Soma, Aromaölen und Kristallen. Unser Bankkonto dagegen leerte sich. Aber Feng-Shui hatte Recht. Die Umleitung der Fülle in unsere Wohnung aus unserem Konto funktionierte einwandfrei. Die Wohnung war mit allem möglichen Fremdkram, den wir zuvor nie in unserer Wohnung hatten und der auch nicht zu uns gehörte, überfüllt. Warum sollte Feng-Shui, das aus dem asiatischen Raum kommt, dann nicht auch die übliche fernöstliche Atmosphäre in unserer Wohnung bewirken, inklusive aller Showeinlagen, die in der Welt der Geister und des Aberglaubens dazugehören? Unglücklicherweise sah ich es damals aber nicht so.

Als sei mein Peiniger zufrieden, dass wir uns ständig mit ihm beschäftigten, hörte er auf, mich zu würgen. Stattdessen schritt er, kaum hatte ich mich ins Bett gelegt und war noch gar nicht in den Schlaf gefallen, die Stiegen von unten nach oben hinauf und näherte sich mit lautem Knacken des Holzes unter seinen Füßen dem Schlafzimmer. Ich hätte durchdrehen können! Die einzige tatsächliche Beruhigung bot mir jedes Mal mein Mann, der mich immer mit in seinen Schlaf nahm, während ich mich steif vor Angst eng an ihn kuschelte. Es mochte geschehen was wollte!

Leichter gedacht als getan.

Mein Vorhaben, es geschehen zu lassen und Ruhe zu bewahren, änderte sich schlagartig in dem Augenblick, als mein Mann eines Nachts aufwachte und die Schritte auf der Holzstiege auch hörte. Da war dann endgültig Schluss mit lustig, obwohl … ironischerweise bewirkte es in mir eine Erleichterung. Endlich war nicht mehr nur ich die Verrückte, zumindest nicht die einzige Verrückte. So übernahm auf einmal der männliche Part unserer Beziehung auf seine Art und Weise das Kommando. Er blies sich regelmäßig mitten in der Wohnung mit Hilfe seiner Energieübungen auf, um wie ein Pfau (so kam es mir vor) zu signalisieren, dass er der Herr im Hause sei.

Der Höhepunkt dieser Ereignisse kam, nachdem einige Tage eine täuschende Stille im Heim geherrscht hatte und wir fälschlicherweise glaubten, es endlich geschafft zu haben. Ich, nahezu wieder die Alte, ging mitten in der Nacht zur Toilette. Ohne das Licht einzuschalten, um meine zweite Hälfte, meinen Mann nicht zu wecken, stolperte ich in der unteren Etage über etwas, das mir im Wege stand. Es hätte ja ein einfacher Gegenstand sein können, der dort runtergefallen war. So schaltete ich doch das Licht an, sah und fand überhaupt nichts. Meine angeschlagene und schmerzende Zehe sprach aber eine andere Tatsache. Seit diesem Moment begann es, in der Wohnung an allen Ecken wild und unkoordiniert zu knirschen und zu knacken, egal ob am Tage oder in der Nacht. Der aus der Steckdose gezogene Fernseher schien weiterhin elektrische Impulse von sich zu geben. Die neuen Kunstofffenster gaben „Schüsse" von sich, wie aus einer Pistole abgeschossen und mein lieber Mann hörte auf einmal jedes Mal alles genauso wie ich.

Der letzte Raumenergetiker, den wir in Wien konsultierten, meinte, wir wohnten mitten auf einer energetischen Autobahn, auf welcher sich verschiedene Wege der verstorbenen Seelen oder anderer Wesen kreuzten. Er wusste keinen anderen Rat, als dass wir mit ihnen reden und sie bitten sollten, ihren Weg aus unserer Wohnung anderswohin zu verlegen. Dieser Vorschlag überstieg allerdings mein Vorstellungs- und Erfassungsvermögen total! Ich war am Rande eines Nervenzusammenbruchs, der noch realer wurde, als ich im alten Kinderzimmer bei meinen Eltern übernachtete, um auf Abstand gehen zu können und mich zu erholen – und das gesamte Nachtszenario mir, unbeeindruckt von dieser neuen Lage, auch dorthin, sogar über die Grenze folgte!

Da erinnerte sich mein Mann plötzlich an meine Heilerin aus der Slowakei, die mir doch damals, am Tag unseres ersten Dates, scheinbar wirkungsvoll geholfen hatte. Er meinte: „Vielleicht hat sie etwas Anderes in petto, als alle bisherigen „Helfer", die wir bisher aufgesucht haben." Er glaubte zu wissen, dass die russischen oder slawischen Heiler oft andere Methoden und Wirkungsbereiche haben als die westlichen und dass sie dadurch besser für mich als geborene Slawin spezialisiert sind So rief ich die Heilerin zum zweiten Mal an. Wie schon beim ersten Mal, ermittelte sie die günstigste Mondphase für unser Treffen, was nicht so einfach war, weil ich gemeinsam mit meinem Ehemann kommen wollte. Es musste also eine Mondstellung sein, die für uns beide passte. Meine ganze Hoffnung klammerte sich an diesen Termin, der noch einige Wochen auf sich warten ließ. Ich konnte und wollte einfach nicht mehr. Entweder ich oder der Spuk – sollte bald fertig, zu Ende, sein. Was ich damals nicht ahnte: Spätestens an diesem Punkt begann die Demontage, die Zerlegung unseres Lebens, so wie wir es bis dahin kannten und die aus meiner Sicht fahrlässige, wenn nicht gar vorsätzliche Tötung meiner Persönlichkeit[9]. Das Leben, das ich bis dahin mehr oder weniger gut bewältigt hatte, glitt unauffällig aus meiner Hand und wurde auf einmal von etwas, von jemand anderem bestimmt.

Heute frage ich mich, ob wir nicht dem Ruf einer Sirene folgten, die mehr als ein und ein halbes Jahr mit ihrem hypnotischen Gesang nach mir rief. Erst die, mich über alle Maßen

---

9   Zu dem Thema Persönlichkeitsentwicklung, Persönlichkeit, gespaltene Persönlichkeitsaspekte und ihre Wiedereingliederung, Aspektologie und das innere Team können Sie auf meinem Blog in sich abgeschloßene Themenbereiche nachlesen, welche demnächst auch in Buchform erscheinen.

einschüchternden Umstände, das Poltern in der Wohnung, die Albträume trieben mich oder uns direkt in ihre Arme, als gäbe es keinen Weg an ihr vorbei. Oder aber handelte es sich um einen unsanften Weckruf in ein anderes Leben, oder auch um Beides, wer weiß ...

Teil 2

DER MEISTER

DER MEISTER

Während der nächsten anderthalb Jahre wurden wir zu Stammkunden der Heilerin. Ungefähr einmal im Monat suchten wir sie auf. Das war für mich zuerst unheimlich, wurde nach und nach aber zur Normalität. Gemeinsam mit ihr begannen wir damit, die Ursachen der ungewöhnlichen Gäste in unserem Leben zu suchen.

Die Sache verschlimmerte sich, nachdem mein „frischer" Ehering an meinem Finger zu jucken und zu brennen begann. Ich ertrug ihn kaum. Mit dem Verlobungsring, den ich auch noch trug, geschah nach und nach das Gleiche. Für die Heilerin ein klarer Fall der Missgunst und Eifersucht. Jemandem schien unsere Beziehung gar nicht zu gefallen und schon überhaupt nicht unsere Heirat, meinte sie. Für die Heilung der Frauenbeschwerden und Blasenentzündungen verordnete sie mir verschiedene Globuli und eine kohlenhydratfreie Diät. Das war endlich etwas, was ich selbst tun konnte. Um das Poltern bei uns zu Hause und die Ringe – darum kümmerte sie sich. Sie schien geistig etwas zu tun, wo hinein ich keinen Einblick hatte. Am Ende so einer Sitzung meinte sie nur: „Es sollte wieder alles in Ordnung sein."

Mit den Krämpfen im Kopf, die doch noch immer andauerten (über 2 Jahre seit dem ersten Auftreten) war es scheinbar eine verzwicktere Geschichte. Da begann sie irgendwie an meinem Aurafeld zu arbeiten – sagte sie. Sie pendelte oft, schaute sich meine Aura erneut an, dann pendelte sie wieder, dann schien sie zu meditieren, schüttelte den Kopf und schließlich meinte sie erneut, dass gewisse Leute sehr neidisch und eifersüchtig auf mich seien und sie müsse einen Schutz für mich und um mich herum aufbauen.

Dieses Thema des Neides und der Eifersucht beschäftigte mich dann sehr. Ich verstand es nicht. Wer sollte auf was in meinem Leben neidisch sein und sogar so, dass es sich in meinem Aurafeld festsetzte bzw. dort dunkle Stellen hinterließ und mich irgendwie lähmte, blockierte, mir Schaden zufügen wollte. Okay, wenn jemand so nebenbei aus seinem Verhaltensmuster neidisch oder eifersüchtig war, aber dass er mir auch gleich bewusst Schaden zufügen wollte, das konnte ich mir beim besten Willen nicht vorstellen.

Eigentlich lebte ich schon seit über 12 Jahren ziemlich zurückgezogen, weit entfernt von fremden Blicken, meinte ich zumindest. Was war schon an mir und meinem Leben zu beneiden? Für die meisten Verwandten war ich, meinem damaligen Empfinden nach, eher ein ungehorsames schwarzes Schaf, das sich dem üblichen Familienleben widersetzte und mit Sturheit den eigenen Weg ohne ihre Hilfe zu gehen versuchte, was meistens in meinen eigenen größeren oder kleineren persönlichen Desastern endete. Also dachte ich, war ich für sie uninteressant, ein abgeschlossenes Kapitel. Wer also kam noch in Frage?

Ich war es nicht gewohnt zu denken, dass ich so wichtig sein sollte, dass sich irgendwelche Menschen mit mir in ihrem Inneren beschäftigten und eventuell auch noch Pläne schmiedeten, wie sie mir eins auswischen konnten. Das hatte nichts mit dem Ich zu tun, für das ich mich hielt. Ja klar, es gab die Exfreundin meines Mannes, mit der er eine gemeinsame Tochter hat. Aber warum hätte sie mir irgendwie böse sein sollen, wo ich ihn doch erst fast ein Jahr später, nachdem er von ihr getrennt lebte, kennen gelernt hatte und sie ihn selbst verlassen hatte? Also ich wusste niemanden, der hätte auf mich neidisch sein sollen und das machte mir schließlich Angst, weil es etwas zu geben schien, das auf mich eine Wirkung hatte, ich es aber nicht sah und mir auch nicht einmal vorstellen konnte.

So gab es also nur eine einzige „logische" Erklärung – das böse Karma. Vielleicht machte ich mir in früheren Leben Feinde, die es mir jetzt heimzahlen wollten. War ich in früheren Leben tatsächlich ein schlechter Mensch gewesen? Waren alle diese Beschwerden und Flüche, wie die Heilerin sie nannte, etwas das was ich verdient hatte? Sollte ich mich für mich richtig schämen? Sollte ich die Welt, meine Umwelt sogar irgendwie vor mir beschützen? Bestand die Gefahr, dass das Böse erneut in mir erwachen würde und dass ich in den nächsten Jahren wieder eine Bedrohung für manche Menschen sein konnte?

Irgendwie sprach die Heilerin da etwas an, was zu meinem Seelenfrieden nicht besonders beitrug. Ich merkte: Ich begann mich zurückzuziehen und die Menschen und ihre Reaktionen auf mich anders als bisher zu beobachten und zu interpretieren. In dem wunderschönen Bett, das mein Mann in unsere Ehe mitgebracht hatte, komplett aus dunkel gebeizten Bambus bestehend; so, wie ich mir schon immer gewünscht hatte, konnte ich keinen Schlaf mehr finden. Die Heilerin pendelte es aus und meinte, es sei verflucht. Ihrem Fachwissen nach, wurde über dem Bett irgendein schwarzmagisches Ritual gemacht, damit wir angeblich keine Freude an unserer Partnerschaft und dem Eheleben finden und keine Kinder zeugen konnten. Die Macht des Rituals schien so groß zu sein, dass selbst die Heilerin nicht helfen konnte und meinte, dass wir das Bett am besten verbrennen sollten. Soweit also waren wir schon! So mächtig schien sich etwas um uns zu tun, dass jemand sogar die Zeit damit verbrachte, Rituale gegen uns auszurichten, um uns von etwas – von was eigentlich? – abzuhalten???

Ich war am Durchdrehen. Ich hätte glatt auf der Stelle graue Haare bekomme können. Den ganzen Tag schwebte ich in irgendeiner Wolke aus düsteren Gedanken und Überlegungen, die ich selbst nicht verstand; zu denen ich keinen Bezug hatte, mit denen ich mich bis dahin nie in meinem Leben beschäftigt hatte und auch nicht beschäftigen wollte.

Einweihung, altes Wissen, der schlafende Prophet, das waren für mich komplett andere Dinge; solche, zu denen ich irgendwie einen Bezug und ein verständnisvolles Gefühl hatte. Es hatte etwas mit persönlicher Entwicklung, der eigenen Spiritualität und der Erleuchtung zu tun. Es war etwas, was mich selbst betraf, was ich selbst tun konnte und es war für mich fern von jeglicher Magie, Geisterbeschwörung, Wahrsagerei, Tarot oder Ähnlichem, das sich für mich nach Humbug anfühlte und von dem mir mein Bauchgefühl schon immer geraten hatte, die Finger zu lassen, weil es nur den Geist, den klaren Verstand mit etwas infizieren und so abhängig von Anderen machen konnte, dass man den Rest des Lebens sich in etwas hineinsteigern konnte, was vielleicht gar nicht existierte.

Nur in meinem Fall war es so: Ich hatte echte Probleme und Beschwerden und konnte keine Ursache und keinen Ausweg, keine Besserung finden. So weiter zu leben und zu tun, als gäbe es dies alles nicht, ging einfach nicht mehr. So trugen wir das wunderschöne exotische Bett schließlich auf den Wiener Müllplatz und kauften bei Ikea ein unspektakuläres neues Bett, das sich weder durch besonderes Design noch durch Wärme auszeichnete. Die Eheringe landeten in einer Schublade, sicher in einer Schatulle verpackt, und ich und mein treuer Gefährte bekamen von der Heilerin schließlich irgendeinen energetischen Schutz verpasst. Nach jedem Besuch bei ihr folgte für mich eine Zeit kurzer Erholung und einer trügerischen Stille vor dem nächsten Gewitter, das schneller und mit größerer Wucht kam als das vorherige.

„Es" weitete sich nämlich auch außerhalb der Grenzen unserer Wohnung aus. Das „Pech" begann sich auch über meine Arbeit und unser Geschäftsprojekt zu ergießen. Neben meiner internationalen Spedition, die ich im Alleingang und erfolgreich betrieb, lange bevor mein Seelenpartner in mein Leben trat; hatte ich, einige Jahre bevor ich ihn kennenlernte, zwei renovierungsbedürftige Immobilien, circa vierzig Kilometer südlich von Wien entfernt, in einem verschlafenen Ort mit einer wunderschönen alten Allee, die aus gesunden, alten Platanen bestand, ersteigert. Mein damaliger Freund handelte mit Immobilien und eines Tages zeigte er mir ein Objekt, das er demnächst zu ersteigern plante. An Ort und Stelle verliebte ich mich in den L-förmigen Bau mit mehreren Wohnungen auf einem viertausend Quadratmeter großen Grundstück, der um das Jahr 1900 erbaut worden war und damals als Feuerwehrzentrale diente, was bedeutete, dass es im Erdgeschoss riesige, geschwungene Rundtore mit dahinterliegenden Räumen gab, aus denen die Feuerwehrautos bei Bedarf zum Einsatz gefahren waren. Da meine halbe Familie in der Baubranche tätig war, konnte ich mir sofort vorstellen, was man aus dem Objekt durch gründliche Sanierung zaubern konnte und was für ein Schatz es in der heutigen Zeit, so am Rande einer verschlafenen Ortschaft mit altem Baumbestand und einem vorbeifließenden Bach, war.

Die Geschichte um den Erwerb dieser Immobilie ist ein eigenes Kapitel, aber da durchaus für mich damals menschlich erklärbar, überspringe ich die Details und komme zu dem Punkt, an dem ich bereits stolze Besitzerin war und die Renovierungspläne endlich ausgearbeitet und einreichbereit waren. In der Zeit vor der schicksalhaften Begegnung mit meinem Mann plante ich in der Anlage mehrere Wohnungen mit einem höheren Standard zu errichten und einem im Haus befindlichen kleinen Lesecafé. Selbstverständlich wurde dort auch eine großzügige Wohnung für mich einkalkuliert.

Nachdem ich aber meinem Zukünftigen samt seinen Energieübungen begegnet war, erkannte ich sofort das Potential dieser Übungen für die gestresste Geschäftswelt, aus der ich selbst kam und mit deren Hilfe er mir geholfen hatte, sogar auf die Antidepressiva zu verzichten. Nach den ersten Problemen in unserer neuen Wohnung und der Tour durch die Wiener alternative Heilszene kamen wir auf die Idee, aus der Anlage in der verschlafenen Ortschaft, nicht weit entfernt von Wien und doch im Grünen, ein alternatives Heilzentrum zu errichten, in dem sich verschiedene „Therapeuten" gegenseitig ergänzend ansiedeln konnten. In unseren Augen ein idealer Ort und eine passende Anlage für so etwas. Und – es war damals noch nicht die Zeit, in der solche Einrichtungen rund um den europäischen Globus wie die Pilze aus dem Boden schossen, so hätten wir die Vorreiter sein können, aber wie meistens in meinem Leben, kam es schließlich anders.

Zu dem Haupthaus bzw. dem späteren Therapiezentrum, hatte ich noch weitere fünf angrenzende Zinshäuser ersteigert, die sich perfekt als Appartements für Menschen geeignet hätten, die für mehrere Tage oder Wochen zur Therapie gekommen wären oder auch für Therapeuten selbst, die gleich neben ihrer Arbeitsstätte in der Ruheoase wohnen wollten. Mit der Bank war nach dem Ersteigern der Immobilien die Finanzierung der Renovierung abgesprochen. So wartete ich nur auf die fertigen Renovierungs- und Umbaupläne, damit man endlich loslegen könnte. Da sich jedoch durch das Zusammentreffen mit meinem Zukünftigen die spätere Nutzung änderte, mussten die Pläne unserem Vorhaben angepasst und geändert werden. Dies nahm weitere Zeit in Anspruch und als die Pläne endlich soweit waren, erließ (ganz zufällig) die neue politische Führung der Gemeinde, die einen Denkmalschutz für die ganze Ortschaft anstrebte, ein Dachgeschossausbauverbot der älteren Häuser für die ganze Ortschaft. Dies hatte eine gewaltige Auswirkung auf die Kalkulation unseres Vorhabens sowie auch auf die Planung. Plötzlich standen uns um die Hälfte weniger Quadratmeter zur Verfügung und die Pläne mussten erneut geändert und angepasst werden. Schon alleine das war ein kleines Desaster. Aber so war die Welt. Sie konnte sich ja immer wieder ändern.

Das Fiasko kam erst, als mein Verlobter, seine gesamten Ersparnisse, zwanzig Jahre seines Arbeitslebens, im Vertrauen und Glauben an unser gemeinsames Projekt in dieses steckte, das unsere Zukunft und etwas, das wir gerne und aus vollstem Herzen gemacht hätten, darstellte. Es vergingen Jahre der Planung. Und dann, als endlich alles den Vorgaben der Gemeinde, des Bauamtes und des Denkmalschutzes angepasst und die neuen Pläne der Bank zu Abstimmung der Finanzierung vorgelegt wurden, kam der Gau! Mein werter Bankbetreuer informierte mich, dass es keine Finanzierung geben wird, weil sich mittlerweile die Bankenrichtlinien geändert hatten.

Die (Zauber)Formel lautete: Ein Gesetz (so und so) wurde auf europäischer Ebene (schon damals!) neu beschlossen – etwas, das ihn (angeblich) daran hinderte, unser Projekt weiterhin zu unterstützen und schon überhaupt nicht ein alternatives Heilzentrum. Mehr als fünf Jahre Arbeit und finanziellen Aufwandes steckten in den Vorbereitungen. Und diese wurden innerhalb einer Minute, die der Bankangestellte in etwa benötigte, um uns darüber zu informieren, dass unsere geplante Zukunft der Vergangenheit angehörte, zunichtegemacht!

So kam es, dass wir uns in der nächsten Heilsitzung bei der Heilerin auch diesem Thema widmeten. Nach dem Pendeln und einer langen Meditation meinte sie, dass wir in großer Gefahr seien, wenn wir nicht lernen, uns selbst energetisch und spirituell zu schützen. Ihre eigenen Methoden schienen für unsere schwerste Problematik nicht mehr geeignet zu sein. Sie kannte da aber jemanden, der ein spiritueller Meister war und der geeignet wäre, uns zu unterrichten, wie wir uns selbst schützen konnten. Scheinbar hatte sie eine hohe Meinung und großen Respekt vor ihm. Das entnahm ich ihrer Stimme, die eine besondere Färbung bekam, während sie über ihn sprach. Selbstverständlich waren wir erfreut zu hören, dass wir selbst endlich etwas für uns tun könnten und nicht ständig von jemand anderem abhängig wären. Das war ja das, wie ich früher vorgegangen war: Selbst das eigene Leben lebend. Die Schutzmethode, die er uns hätte beibringen sollen, sollte uns auch ermöglichen, unsere Projekte oder auch die Immobilie eigenhändig vor manipulativ „Ungünstigem" zu (be)schützen.

Nur wusste ich damals nicht, dass solche Art Eigenhändigkeit mit verschiedenen Nebenwirkungen, Auswirkungen und Konsequenzen, die ich mir wahrscheinlich gar nicht wünschte, verbunden war. Also erklärten wir uns sofort bereit dazu, die Ausbildung bei diesem Meister zu machen und das hierfür notwendige Geld aufzubringen, das sowieso schon mehr als knapp war. Aber wir hofften, wieder einmal, auf die Lösung und Erleichterung unserer Situation. Das war uns auch das letzte Geld wert. Wir mussten nur noch (ab)warten, bis der Meister Zeit für uns fand, da er mit seinen Heilungen in der ganzen Welt unterwegs war.

Schließlich kam die Zeit, wir durften zu ihm fahren und einen angeblich echten und bekannten Meister kennenlernen.

Erste Einweihung

Der Weg führte in die tiefe Slowakei – in ein Gebiet voll mit klassischen, grauen sozialistischen Plattenbauten ohne jegliche Substanz. Mittendrin, in einer 3-Zimmer-Wohnung, empfingen uns der Meister und seine Gattin. Ich war überrascht, einen „Normalo" zu sehen. Ein gut erhaltener Mann, so um die Sechzig. Nicht besonders freundlich, aber auch nicht unfreundlich. Eher reserviert. Er war von unserer Heilerin bereits über unsere Schwierigkeiten informiert worden und so schien er keine Zeit verschwenden zu wollen. Während seine Frau in einem hinteren Raum verschwand, nahmen wir beide aus Wien, in seiner Küche, an einem unspektakulären Esstisch, dem Eingeweihten gegenüber Platz und sollten ihm einfach nur zuhören und uns Notizen machen.

Es folgte eine kurze Information darüber, wer er sei. Er meinte, er widmete sich, seitdem er in Rente war, ausschließlich der Heilung der Menschen und sei durch eine wichtige, anerkannte westliche Assoziation geprüft als eingeweihter und eingetragener Heiler und gleichzeitig als Meister des höchsten Grades eingestuft und anerkannt. So erfuhr ich zu meiner Überraschung, dass es anscheinend nicht reichte ein Meister (für sich selbst, bzw. in sich) zu sein, sondern diese genauso einer Hierarchie unterlagen. Vor dieser Information war für mich ein spiritueller Meister eigentlich jemand, der das menschliche Leben auf

„eigene Faust" meisterte. Also gab es für mich keinen Grund für kleinere oder größere, höhergestellte oder untergeordnete Meister. Der Ausdruck Meister bedeutete für mich eben schon eigentlich das Höchstmögliche. Aber dem war anscheinend nicht so. Anscheinend konnte man das Leben weniger oder ein wenig mehr und noch mehr meistern. Daraus schlussfolgerte ich, dass unsere Heilerin „nur" eine „kleine" Meisterin war, die in der Hierarchie auf jeden Fall unter dem vor uns Sitzenden war, dem man seine Heilkräfte und die Meisterschaft auf der Straße nicht angesehen hätte, wenn man nicht hellsichtig war und die Aura nicht sehen konnte, weil ihrer Aussage nach seine Aura auf jeden Fall seine Großmeisterschaft wiedergab.

Unsere Ausbildung sollte aus einem theoretischen Teil und einer zeremoniellen Einweihung bestehen; gefolgt von einer Zeit, in der sich die Heilenergien, die wir durch die Einweihung empfangen sollten, langsam in uns durcharbeiten werden. Der theoretische Teil wurde von ihm, normalerweise auf mehrere Seminartage verteilt. Da ihn aber die Heilerin über die Dringlichkeit unserer Angelegenheit, sowie über unsere, von ihr empfundene oder empfangene, spirituelle Fortgeschrittenheit, von der wir selbst keine Ahnung hatten, überzeugt hatte, entschied er sich, uns den theoretischen Teil und die anschließende Einweihung gleich vor Ort, innerhalb von zwei Stunden zu vermitteln und uns danach gleich auch ein Zertifikat der ersten Einweihungsstufe, das direkt von der internationalen Assoziation ausgestellt werden sollte, zu verleihen. Scheinbar schien er in uns etwas zu sehen, irgendwelche

Fähigkeiten, die wir selbst nicht wahrnahmen und nicht realisierten, abgesehen von der Möglichkeit, dass er vielleicht menschlich handelte und das Geld für mehrere Tage Ausbildung einfach innerhalb von zwei Stunden einkassieren wollte – nicht daran zu denken, dass die Tatsache, dass wir mit der österreichischen Hartwährung zahlten, so ein Handeln üblicherweise begünstigte. Wir glaubten aber dem weißhaarigen, Vertrauen erweckenden Mann und seinen guten, ehrlichen, weisen und wissend-heilenden, meisterhaften Absichten uns gegenüber. Schließlich war er ein international anerkannter Heiler, dem unsere Heilerin voll vertraute und ihn uns empfahl. Und wenn ein Slowake zu dieser Zeit international anerkannt und ein Mitglied einer westlichen Assoziation war, musste das schon etwas heißen! Eigentlich war ich froh, einen Meister in der Slowakei treffen zu dürfen, weil es dort wahrscheinlich noch einfacher war, eine Kapazität von einem Scharlatan zu unterscheiden. In so einem kleinen Land würde sich doch Unprofessionalität sehr leicht herumsprechen.

***

Die gesamte Einweihung sollte also in drei Stufen erfolgen. Nach jeder Einweihung bekämen wir ein Zertifikat für die erreichte Stufe, und es war notwendig, von Stufe zu Stufe ausreichend Übungs- und Wirkungszeit einzuplanen.

Für mich hörte sich schon alles, was er uns über die erste Stufe erzählte, sehr spannend an. Ich hätte nie in meinem Leben gedacht, dass mir je so ein Glück und die Ehre zukommen würde, dass ich die Möglichkeit bekäme, so etwas in relativ jungem Alter von 34 zu erlernen. In meiner Vorstellung war ein Meister oder ein meisterhafter Heiler immer mit der Weisheit einer lebenslangen Erfahrung verknüpft. Wir sollten jedoch schon jetzt die Fähigkeit erwerben, durch unsere Hände die Heilenergien fließen zu lassen, um zuerst uns selbst, also unsere „Problemzonen", regelmäßig zu behandeln, wie später auch dasselbe bei anderen Menschen tun zu können. Das war aber gar nicht unser Anliegen. Wir wollten nur uns selbst helfen und sahen uns ganz sicher nicht als Heiler, die irgendwie die Fähigkeiten besaßen, zu wissen, was andere Menschen brauchen. Wir hatten ja schon genug mit uns selbst und dem eigenen Leben zu tun. Wie ich aber aus seinem Vortrag heraushörte, war dieses „für andere zu wissen" erstaunlicherweise bei dieser Heilungsmethode gar nicht notwendig und Hellsichtigkeit auch keine erforderliche Voraussetzung. Die Energie sollte so selbstintelligent sein bzw. so programmiert oder ausgewählt sein, dass sie selbst, alleine durch ihre Beschaffenheit „Wunder" bzw. Heilung bewirken konnte. Als Eingeweihte musste ich nur die Hände auf die entsprechende Stelle legen und sie strömen lassen. Für alles andere war die Einweihung und der Meister, der sie weitergab, zuständig. Selbstverständlich leuchtete mir damals an dieser Stelle auch nicht ein, dass ich die Information bekam, mit diesem Meister, wie auch seinem Meister und seinem Meister durch die Einweihung verbunden zu sein, unabhängig davon wie ich mich oder sie weiterentwickelten, ob es noch passte oder ich es wollte.

Ehrlich gesagt erinnere ich mich heute nicht mehr, aus welchen Informationen die restliche Zeit der Theorie bestand. Die darauffolgende Einweihung war damals für mich so beeindruckend, dass mir nur mehr diese in Erinnerung blieb. Der Meister schob eine CD in einen Player ein und sphärische Klänge begannen das Wohnzimmer, in das wir zum Zwecke der Einweihungszeremonie wechselten, in einen mystischen Raum zu verwandeln. Wir, zwei Nichtsahnende, wurden nebeneinander auf zwei Küchenstühlen platziert, sollten die Augen schließen, die Hände vor uns, mit offenen Handflächen nach oben, ausstrecken und einfach im Stillen warten, bis er irgendein, nur den höher Eingeweihten bekanntes, Ritual durchgeführt hatte und anschließend etwas in unsere Handflächen mit seinem Finger zeichnete und dies zusätzlich irgendwie meisterhaft in unseren Händen und an unserem Oberkopf bestätigte bzw. versiegelte.

Und so war ich auf einmal mit meinen vierunddreißig Jahren in die erste Stufe der spirituellen Heilung eingeweiht und auf dem Weg, eine Meisterin zu werden. Ich konnte kaum mein, unser Glück fassen! Mein Mann war auch gerührt, bewegt, nachdenklich. In so einer Art heiligen, besinnlichen Stimmung fuhren wir einige hundert Kilometer durch die Slowakei zurück nach Wien. Und … wir hätten die ganze Welt vor innerer Freude umarmen können. Jetzt konnte es eigentlich nur mehr bergauf gehen!

ABSICHT

Was ich damals nicht wusste, war, dass die Absicht (auch eine unbewusste) doch einen feinen Unterschied machen kann. Soweit ich es ehrlich vor mir selbst beantworten kann, ging es mir ständig immer nur darum, mir selbst zu helfen, um mein Leben ohne diese verwirrenden, verrückt machenden und blockierenden Faktoren weiter leben zu können. Und wenn ich dabei noch heil werden sollte und sich all die regelmäßigen Beschwerden von mir verabschieden würden, dann wäre das schon so ziemlich alles gewesen, was ich in diesem Abschnitt meines Lebens an Besserung erwartet hätte. Ich hatte doch einen guten Job, wir hatten ein zukunftsorientiertes Projekt und ich hatte endlich den ersehnten Mann an meiner Seite … irgendwie konnte das Leben endlich „sorglos" weitergehen.

Was die Einweihungen betraf, verstand ich sie nicht ganz. Diese Geheimnistuerei, die geschlossenen Augen und dass wir nicht sehen durften, was er eigentlich mit uns tat. Das entsprach nicht dem, was ich unter Einweihung verstand. Irgendwie waren für mich bis zu diesen Ereignissen die Begriffe Einweihung und Erleuchtung dasselbe. Bereits als Teenager, als ich die ersten spirituellen Bücher in die Hände bekam, erwachte in mir der Wunsch, einmal im Leben einen wahren Erleuchteten kennenlernen zu dürfen. Also einen Weisen, der, so verstand ich es, alles am eigenen Leibe erlebt hatte und wusste worüber er sprach; sprich: die Erleuchtung bewusst durchlebte bzw. durchschritt. Das war damals das Höchste meiner „spirituellen" Gefühle, meines Vorstellungsvermögens und meines Wunsches für dieses Leben. Ich wusste ja nichts von der käuflichen Kraft des Westens. Ich hätte mich einfach sehr, sehr geehrt gefühlt und glücklich geschätzt, irgendwann zum Ende meines irdischen Lebens so einen Menschen mit diesem speziellen Charisma persönlich zu treffen, bzw. zumindest jemanden, der so eine Person selbst kannte. Dann glaubte ich, wäre mein Leben nicht umsonst, meine persönliche Entwicklung bestätigt und ich wirklich erfüllt gewesen.

Irgendwie hätte es mir eine Warnung sein sollen, dass ich in der mittelslowakischen Plattenbauwohnung trotz der hypnotisierenden Musik und der Räucherstäbchen nicht das Gefühl hatte, am Ziel meiner Bestrebungen angelangt zu sein und nicht vor einem Meister meiner Vorstellungen zu sitzen. Er war zwar scheinbar ein Meister, aber welcher oder in was, das wusste ich nicht so richtig. Dieser Begriff schien doch, wie so viele andere Worte dehnbar zu sein und auch verschiedene Bedeutungen und Auslegungen zu haben. Aber zu diesem Zeitpunkt war das auch egal, da ich nie erwartet hätte, schon so früh in meinem Leben überhaupt so jemanden zu treffen. Das Wichtigste war vorerst, dass wir irgendein Instrument in die Hände bekamen, mit dem wir wieder selbst Herr der Lage werden sollten.

So viel zu meiner Absicht und Ausrichtung während der Einweihung. Später stellte sich jedoch heraus, dass mein lieber Mann neben mir auf dem „Einweihungsthron" mit anderer geheimer Hoffnung saß, der er sich selbst gar nicht so richtig bewusst war. Vielleicht keimt im Unbewussten vieler Männer dieser Wunsch nach einem Zauberstab, ich weiß es nicht. Vielleicht sehen schon viele kleine Burschen aus sich einen machtvollen, Dinge verzaubernden Magier heranwachsen, jemanden, der die Elemente und andere Dinge beherrschen und/oder (ver)wandeln kann. Wasser in Wein, Stein in Gold usw. Vielleicht ist es irgendein vererbbares Programm oder ein Virus, wer weiß. Obwohl er es gar nicht bewusst anstrebte, kitzelte die plötzliche Einweihungsmöglichkeit in ihm irgendeine Mutation hervor, etwas, was ihn glauben ließ, nach der Einweihung vielleicht etwas mehr sein zu können, wertvoller und bedeutungsvoller zu sein als er es war. Und das trotz seiner fortgeschrittenen Spiritualität, der eigenen inneren Weisheit und praktischen Erfahrung als Energietherapeut. Als zähle dies alles auf einmal nichts, weil er es sich selbst, aus sich heraus erarbeitete; als wäre es zu einfach, zu natürlich gewesen und als wartete er insgeheim schon lange darauf, bis der richtige Mensch, mit dem richtigen Umhang, seinen Weg kreuzt, ihn endlich (an)erkennt und zu einem Ritter schlägt. Jemanden, der ihn mit einer besser wissenden, aber väterlichen Hingabe sagt: „Ab jetzt bist du ein Auserwählter, der Weise, der Meister. Ab jetzt liegt dir die Welt zu Füßen. Sie ist deine. Jetzt kannst du furchtlos durch sie wandern, sie kann dir nichts mehr anhaben!"

So hegte mein Schatz in dem gleichen Moment der Einweihung möglicherweise ein anderes Bild, eine andere Erwartung und einen anderen Wunsch in sich als ich. Die Zeremonie, seine Zeremonie sollte demnach eine andere Wirkung haben und zu einer anderen Einweihung führen als die meine. Und vielleicht bestand die Lektion der Einweihung gerade in dem: „Dein Wunsch und dein Wille geschehe, nun sieh zu, wie du damit zurechtkommst. Egal wie unbewusst oder wie gut versteckt dein Wunsch, dein Streben, deine Erwartung auch ist; bedenke sie beginnt sich zu manifestieren, damit du sie erkennen kannst." Aus meiner heutige Sicht eigentlich ziemlich logisch. Wer sonst sollte unsere geheim(st)en und tief(st)en Wünsche, Vorhaben und Absichten kennenlernen, wenn nicht wir selbst? Werde Meister deines Lebens und auch deiner Schattenseiten, wenn du magst. Was sonst sollte eine Heilung bewirken, wenn nicht das? Na ja, heute redet und schreibt es sich mir „leicht" darüber. Damals glaubte ich mich selbstverständlich in einem gaaaanz anderen Film zu befinden.

So passierte es scheinbar ausgerechnet durch die Einweihung, dass wir uns begannen, trotz unserer Liebe und Verbundenheit, voneinander zu entfernen, weil unsere persönlichen „Einweihungswege" in je eine andere Richtung führten. Und doch sollten wir uns immer wieder begegnen, auch wenn jeder von einer anderen Seite kam. Tatsächlich gab es immer wieder gemeinsame Treffpunkte, Pausen und Raststationen.

Grundsätzlich lege ich aber nicht die Hand ins Feuer, dass es alles so war, wie ich es mir zusammengereimt habe. Vielleicht bekamen wir doch die gleiche Einweihung und jeder von uns hatte nur einen anderen Weg vor sich, den er durchgehen musste, um die erste, zweite und weitere Einweihungsstufe zu erreichen und zu meistern.

Heilenergie

Da die Einweihung doch keine spaßige Angelegenheit sein sollte und wir sie extrem ernst nahmen, wollten wir uns eine Auszeit von der Arbeit und dem Alltag nehmen und der Heilenergie einen Rahmen geben, damit sie mit uns arbeiten konnte. So überlegten wir uns, für mehrere Wochen nach Italien zu fahren und uns dort gänzlich unserer Befreiung und Entfaltung zu widmen und die Übungen, die uns der Meister aufgetragen hatte, auszuführen. Die Sommersaison war längst zu Ende und so war ein typischer Badeort die Garantie für ausreichende Ruhe und Besinnlichkeit.

Einige Wochen vor der geplanten Abreise fuhr ich für 2 Tage alleine vor Ort, während mein Mann mit seiner Tochter einige Tage verbrachte, um ein passendes Appartement für uns zu finden, was gar nicht so leicht war. Kaum ein Sommerappartement verfügte nämlich über eine Heizung, was im Oktober und November nicht besonders angenehm wäre. Ich checkte in einem günstigen Hotel ein, mit dem Plan, mich in der Früh gleich auf die Suche zu begeben und den Tag drauf wieder abzureisen. Am Abend, im Hotelzimmer, legte ich mich später ins Bett und begann mit der Übung des Meisters, so wie auch jeden Tag zu Hause. Der Übungserfolg sollte nämlich bestimmen, wie gut die zweite Einweihung übertragen werden könnte oder funktionieren würde. So legte ich, während ich schon im Bett auf dem Rücken lag, meine beiden Hände auf meinen Unterbauch, konzentrierte mich auf die gewünschte Energie und stellte mir vor, wie die Energie durch meine Hände in meinen Unterbauch fließt und sich dort heilend über meine alten Wunden und angeschlagenen Stellen ausbreitet.

Nach einigen Minuten fiel ich, wie so oft bei dieser Übung, in Halbschlaf, während ich irgendwo noch teils bewusst mitbekam, dass ich im Geiste in irgendwelchen Welten war, mit jemandem sprach oder etwas tat und mich dabei immer weiter von meinem Körper entfernte, bis ... bis sich unangekündigt das Bett heftig unter mir bewegte, so als würde es mich runterschütteln wollen! Selbstverständlich wachte ich sofort auf, sprang aus dem Bett und rannte zum Fenster – in der Überzeugung, dass es gerade ein heftiges Erdbeben gab. Aus Griechenland kannte ich, dass sich die Menschen in solchen Momenten sofort vor ihren Häusern, auf den Straßen versammelten oder an den Strand rannten. So wollte ich aus dem Fenster erspähen, wie dort in Italien die Einheimischen reagierten und was sie taten, damit ich auch wusste, was zu tun ist. Draußen sah ich aber zu meiner Verwunderung nichts, außer: gewöhnliche, nächtliche Stille. Nicht einmal ein Hund bellte. Niemand rannte aus den Häusern auf die Straße. Außer mir schien keiner etwas von dem Erdbeben bemerkt zu haben. Wie war das möglich? Für mich war es so stark, dass es mich fast aus dem Bett katapultiert hatte. Dann dämmerte es mir auf einmal und im gleichen Moment bekam ich es wie sonst mit der Angst zu tun: nicht das Erdbeben, sondern die Energie hatte sich in mir bewegt! Das Beben war nicht im Außen, sondern in mir! Nicht das Bett bewegte sich unter mir, sondern ich, mein Körper auf dem Bett. Irgendeine Energiebahn hatte es anscheinend spontan durchgepustet.

Statt großem Hurra und euphorischer Freude erzitterte ich vor Angst am ganzen Körper. So war das also mit der Energie! Es gab sie wirklich?! So spürbar?! So fühlte sie sich an?! Nichts Subtiles, keine feine Wolke von Feenstaub, die sich andeutend über mich legte. Keine Visualisierung und so tun als ob, als würde ich daran glauben, dass sich etwas in mir tut, sondern eine echte Turbomaschine! Wenn diese Energie schon in der ersten Einweihungsstufe meinen Körper derartig bewegen konnte, wusste sie sicher auch etwas Anderes mit mir oder mit was auch immer anzustellen! Auf einmal konnte ich mir vorstellen, dass der mich würgende nächtlicher Besucher, all die Geräusche und unsichtbare Dinge über die ich physisch stolperte, solch starker energetischer und fühlbarer Natur waren.

Ich blieb wach bis in die Morgenstunden, traute mich mutterseelenalleine in dem winzigen, spartanisch eingerichteten Zimmer kaum zu bewegen, geschweige denn noch einmal meine Hände irgendwo an meinen Körper zu legen. Ich konnte es nicht erwarten, den nächsten Tag hinter mir zu haben und sofort wieder nach Hause zu fahren. Noch eine Nacht alleine mit mir selbst und dieser „Heilenergie" im Hotel und dem verlassenen Ort hätte ich nicht gepackt.

Interessant, dass mir auch zu diesem Moment nicht eingefallen war, dass wir zu der Einweihung keinen „Beipackzettel" bekommen, keine möglichen Nebenwirkungen oder Notfallszenarien durchgenommen hatten. Na ja. Jeder sollte wahrscheinlich seinen Weg auf seine ganz persönliche Art und Weise meistern.

Zweite Einweihung

Ab der zweiten Einweihung begann sich etwas Seltsames zu tun. Zu Hause veränderten sich die Polterumstände noch nicht. Wir waren ja auch noch nicht so weit, dass wir uns schon selbst unsere Räume hätten irgendwie schützen können. Aber spätestens nach der zweiten Einweihung sollte es so weit sein.
Zur zweiten Einweihung wollte die Heilerin unbedingt mit uns mitfahren. Ich verstand es nicht, sagte aber nichts. Es kam mir seltsam vor, dass jemand, zu dem ich regelmäßig als Klientin zur Behandlung kam und eigentlich pro Stunde zahlte (traf nicht ganz zu, weil sie keinen festen Satz hatte und es offenließ – jeder sollte so viel geben, wie er es für richtig hielt oder es ihm möglich war) plötzlich bereit war, den ganzen Tag aufzuwenden und mit uns zu verbringen. Irgendwann äußerste sie sich lakonisch so nebenbei, dass der Meister zwar ein ausgezeichneter Heiler ist und einer der Besten seines Fachs, trotzdem wolle sie anwesend sein, um aufzupassen, was er mit uns tut.

Warum musste man auf einen Meister aufpassen?

Das ging nicht in meinen Schädel. Schon überhaupt nicht, nachdem sie erwähnt hatte, dass er eine ganz weiße Aura habe, was scheinbar die höchste (spirituelle) Entwicklung bedeutete. War die weiße Aura also nicht automatisch die Garantie dafür, dass der Mensch nur die edelsten Absichten hegte? Und dazu sagte sie noch „rein zufällig", dass sie selbst auch eine weiße Aura habe. Nur er wusste es angeblich nicht, weil er nicht aurasichtig war. Irgendwie schien sie ein wenig gekränkt zu sein, dass er sie noch immer als seine Schülerin betrachtete, während diese „Ungereimtheit" einen gewissen Vorteil darstellte, da sie anscheinend über ihn wachen und ihn prüfen konnte, was und wie er etwas tat.

So banal menschlich verhielten sich also Meister unter sich?

Hatten sie noch immer die gleichen Probleme wie wir gewöhnlichen Menschen ... wer besser, größer, machtvoller ist und wer mehr Durchblick, Überblick und heiligere Aura und Absichten hat?

Das passte so gar nicht in mein Bild, also ging ich lieber davon aus, dass dies nur meine menschlichen Interpretationen waren, die auf dem Meisterniveau sicher fehl am Platz waren. Aber so erfuhr ich, dass eine weiße Aura etwas Erstrebenswertes war. Ob das je für mich in Frage kam, ob ich persönlich es je erreichen konnte oder überhaupt sollte, davon hatte ich keine Ahnung. Aber das sollte sich schließlich bald ändern.

Quer durch die Slowakei fuhren wir mit meinem Auto, samt der Heilerin hinter mir auf dem Rücksitz und ich fühlte mich dabei ziemlich unwohl. Sie hatte einen molligen Körper und füllte dadurch die Rücksitzbank meines Mittelklassewagens ziemlich aus. Das erklärte ich mir als Ursache dessen, dass ich während der ganzen Fahrt eine ungewöhnliche Hitze in meinem Bauch empfand und nicht wie gewohnt klar im Kopf war, was sich in meinem eigenartig unsicheren Fahrstil durch die unbekannte Gegend spiegelte. Ergänzend dazu schien sie mich irgendwie noch zu provozieren oder anzugeben, da sie immer wieder wiederholte, dass ich zu vorsichtig fahre, während sie selbst auf der Strecke viel schneller unterwegs wäre. Das verwirrte mich noch mehr. Ich war doch eine gute Fahrerin und normalerweise keineswegs langsam unterwegs. Nur mit „fremden" Passagieren an Bord drückte ich gewöhnlich nicht so auf das Gaspedal. Und wie passte solches Antreiben und Wettstreiten zu einer Heilerin, bei der ich selbst in Behandlung und Heilung war? Oder war diese Art des „mich aus der Reservelockens" eine Art Therapie? Oder wollte sie mir damit etwas anderes andeuten? Zum Beispiel, dass ich im Leben zu vorsichtig unterwegs sei?

Die Fahrt erreichte ihren Höhepunkt, als sie mir mitteilte, dass die Hitze, die ich in meinem Bauch spürte (ich erzählte ihr nichts davon), deswegen sei, weil sie während der ganzen Fahrt an mir arbeitete.

Was meinte sie damit, dass sie an mir arbeitete?

An meiner Heilung? An meiner Aura? Hatte ich ihr das erlaubt?

Und sollte sie mich nicht vorher zuerst darüber informieren? Und war das während einer Autofahrt, wo ich das Lenkrad in der Hand hielt und meine Füße das Gaspedal und Bremse betätigten nicht fahrlässig? Wollte ich es überhaupt? Aber gut, zumindest schien es die Hitze im Bauch und die Unklarheit und Benommenheit in meinem Kopf zu erklären.

An einer Raststätte legten wir eine Pause ein, setzten uns in ein winziges Restaurant mit einigen ovalen Tischen im Freien, bestellten Kleinigkeiten zum Essen und bevor wir den ersten Biss nahmen, fiel mir auf, dass die Heilerin die Augen schloss, die Hände über das Essen ausbreitete und zu meditieren schien. Nachdem sie fertig war, erklärte sie uns, dass sie kein Essen mehr zu sich nehmen konnte, bevor sie es nicht für sie als bekömmlich transformiert hatte. Anschließend schaute sie in die Leere, irgendwo vor sich hin, und erzählte uns eine kurze Geschichte über einen Meister, der sich einmal mit seinen Schülern in eine Kneipe gesetzt hatte, um eine Mahlzeit zu sich zu nehmen. Plötzlich stand, vom gegenüberliegenden Tisch, ein großer Schlägertyp auf und ging aggressiven, herausfordernden, überlegenen Schrittes auf den Meister zu, ohne zu wissen, dass dieser ein Meister sei, keinen Hehl daraus machend, dass er ihm eine verpassen wolle. Seine eigenen Schüler schafften es nicht, in ihrer beobachtenden Erstarrung etwas zu unternehmen und sahen nur zu, wie der Angreifer seine Hand hob und dabei war, fest zuzuschlagen. Mitten in der Luft blieb jedoch seine Hand stehen. Letztendlich drehte sich der Typ verwirrt um und ohne ein Wort kehrte er zurück zu seinem Platz, um schließlich in Eile das Lokal zu verlassen.

Die Worte der Heilerin klangen in der Stille der Gegend leise nach. Dann schaute sie uns bedeutungsvoll an, lauernd, ob wir verstanden hätten. Die Kraft des Meisters war nämlich so groß, dass er es alleine durch die Kraft seiner Gedanken geschafft hatte, den Angreifer abzuwehren und sich auf diese Art gewaltlos zu verteidigen.

Ich muss gestehen, eine längere Zeit beeindruckte mich diese Geschichte und ich machte mir Gedanken darüber, wie ich auch so eine Kraft entwickeln könnte, damit ich mich im Fall der Fälle selbst verteidigen konnte. Einmal träumte ich sogar, dass ich mich in einen Wirbel verwandelte, der sich so schnell drehte, dass der mögliche Angreifer einfach umfiel, ohne dass ich ihn berühren musste und ich mich in der Zeit bis er aus der Überraschung wieder zu sich kam, weglaufen und mich in Sicherheit bringen konnte. Einige Jahre später erleuchtete mich jedoch ein anderer Gedanke: Wenn der Meister wirklich ein Meister war, warum erhob jemand überhaupt gegen ihn die Hand? Bedeutete nicht, Meister zu sein, dass man keine Resonanz mehr zu solchen polaren Situationen hat? Dass man in sich alles erleuchtet, erlöst, befreit hat bzw. sich darüber erhoben hat, was einen Anderen dazu veranlassen würde, ihm gegenüber gewalttätig werden zu wollen oder auf solche Art und Weise die physische oder auch geistige Kraft einsetzen zu wollen?

Bedeutete ein Meister zu sein nicht, sich auch nicht mehr (selbst)verteidigen zu müssen? Unangreifbar zu

sein, weil sich der Meister in einer solchen Welt, wo Gewalt und Angriff existieren, gar nicht mehr bewegt?

Nachdem diese Fragen in mir auftauchten, hatte die Geschichte der Heilerin keine Macht mehr über mich und ich verlor das Interesse daran, mich in irgendwelchen krafterzeugenden (auch wenn verteidigende) Energiewirbeln zu üben.

Beim Meister, ein wenig benommen aber ohne weitere Zwischenfälle, endlich angekommen, nahm die Heilerin sofort Platz auf einem strategisch günstig platzierten Sessel, von dem aus sie das ganze Geschehen beobachten und Kommentare abgeben konnte. Ich konnte mir nicht vorstellen, dass sie dort wirklich die ganzen zwei Stunden, während er uns wieder eine neue Theorie erklärte, verharren wollte. Wie es scheint, konnte ich mir viel zu viele Sachen zu dieser Zeit nicht vorstellen, denn: genau das tat sie.

Am Anfang erklärte sie dem Meister sehr bedeutungsvoll, wie ich in Italien das Scheinerdbeben erlebt hatte und wie ich unsere „Hausgeister" wahrnahm, wegen deren wir überhaupt die zum Selbstschutz führenden Einweihungen machten. Die besondere Betonung des Satzes „Sie kann sie hören!" konnte mir nicht entgehen. Es klang für mich wie eine kodierte Sprache und ich blieb an dem Wörtchen „sie" hängen. Wen meinte sie mit „sie"? Scheinbar gab es etwas, jemanden, von dem sie beide gemeinsam wussten und diese sollten diejenigen sein, die ich in unserer Wohnung und mittlerweile auch schon mein Ehemann wahrnahm. Das war mir neu.

Also sie wussten beide genau, was oder wen ich da regelmäßig hörte?!

Und noch dazu, es schien etwas Besonderes, eine außerordentliche Fähigkeit zu sein, „sie" zu hören. Leider empfand ich es auf keinen Fall so. Es war überhaupt nicht schwierig, zu hören, was sich in unserer Wohnung tat und schon überhaupt kein Hokus-Pokus. Meiner Meinung nach nichts Hellsichtiges oder Hellhöriges. Die Geräusche waren doch so präsent und echt! Ich und mein Partner, wir hörten sie doch ganz normal mit unseren gewöhnlichen Ohren. Das war ja auch das, was mir Angst machte – gewöhnliche Schrittgeräusche oder Handlungsgeräusche, wie das Klopfen ans Fenster, ohne dass jemand zu sehen war. Und nicht genug damit. Die Heilerin sprach weiter zum Meister als wären wir zwei gar nicht dort oder als ginge sie davon aus, dass wir es nicht hören oder verstehen konnten: „Ihre Aura ist knapp dabei, auch weiß zu werden. Es ist nur eine Frage der Zeit, wann dies geschieht." Das war mir neu! Besonders, wo ich zuletzt gehört hatte, dass meine Aura dunkle Flecken aufweise. Aber was wusste ich schon!

***

Die zweite Einweihung verlief exakt gleich wie die erste und dauerte auch genau die gleiche Zeit, nur wir bezahlten etwas mehr. Irgendwie war das verständlich, es war ja eine höhere Stufe und wir bekamen gleich auch einen Gegenwert: endlich etwas Handfestes und zwar, angeblich über die Jahrhunderte unter den Eingeweihten überlieferte Heilungssymbole, welche eine Garantie dafür sein sollten, dass man die richtige Energie zur Heilung wählte. Die Theorie bestand vor allem aus der Erklärung, welches Symbol in welchem Fall angewendet werden dürfe. Das Neue dabei war: Wir hatten endlich auch Symbole erhalten, die wir nicht nur für uns und andere Menschen, sondern auch für Räume benutzen durften. Sie sollten der Heilung und dem Schutz der Räume und ihrer Reinigung dienen.

So wurde nichts dem Zufall überlassen. Wir verfügten auf einmal über jahrhundertelang bewährte Symbole, die man einfach auf die betroffene Stelle mit dem Finger oder auch nur gedanklich aufzeichnen musste und das öffnete sozusagen das Tor und leitete die gewünschte Heilenergie in den Raum. Man könne sich dann nur mehr zurücklehnen und beobachten, wie die Heilung von selbst geschah. So einfach, ohne große Verantwortung, war das – die Heilung!

Einige Tage nach der Einweihung fuhren wir, wie geplant, erneut nach Italien, um fleißig zu üben und uns der Heilung zu widmen. Zu Hause hatten wir vorsorglich die Symbole in alle denkbaren Ecken der Wohnung gemalt, damit die Heilung während unserer Abwesenheit wirken und voranschreiten konnte. Wir waren sehr gespannt, wie sich die Wohnung nach unserer Rückkehr anfühlen würde. Wir hofften auf einen Traum: hofften, zurückgekehrt endlich eine kuschelige Oase anstelle eines Spuknestes vorzufinden. Was wir nicht bedacht hatten: dass vielleicht auch andere Energien solche „geheilten" Orte oder kuscheligen Oasen mitten in Wien mögen könnten!

DRITTE EINWEIHUNG

Die dritte Einweihung war die letzte in der Reihe und gleichzeitig die Meistereinweihung. So gesehen hätten wir nach der Einweihung auch zu Meistern werden sollen bzw. uns so nennen können. Aber darum ging uns nicht – oder doch? Wie erwähnt, hatten mein Mann und ich (doch ein wenig) unterschiedliche bewusst-unbewusste oder unbewusst-bewusste Ansätze und Absichten. Und die Information kitzelte an unserer Vorstellungskraft, weil uns der letzte Grad etwas Erstaunliches ermöglichen sollte.

Es handelte sich um Fernheilung, die programmierbar wie ein gute Uhr sein sollte und die wir, egal an welchen Ort der Erde, bei Bedarf, hätten schicken können. Und das nicht genug! Wir konnten mehrere Menschen gleichzeitig behandeln bzw. die Energie so programmieren, dass sie zu einer bestimmten Uhrzeit an einem bestimmten Ort wirke.

Als ich mich später bewusster mit der Energie beschäftigte, stellte ich fest, dass das keine Zauberei war, sondern die natürliche Beschaffenheit der Energie, die eben von jedem Ort aus und an jedem Ort jenseits der Grenzen und unserer geistigen Begrenztheit abrufbar ist. So gesehen war also ein solcher eingeweihter Meister „nur" jemand, der den „Startschuss" gab bzw. die Energie instruierte, wie, zu welcher

Zeit, in welcher Qualität sie wohin fließen solle. Damals war ich aber noch weit davon entfernt, mir solche selbständigen Gedanken darüber zu machen. Warum auch? Ein Meister hat uns zu Meistern erhoben. So war und sollte doch alles klar sein, oder nicht?

Waren mein Mann und ich überhaupt menschlich, seelisch, geistig soweit, ein Meister und eine Meisterin zu werden? Besaßen wir die Qualitäten und die Unbescholtenheit, die Selbstlosigkeit, die meiner Vorstellung nach einen Meister ausmachten oder waren es doch nur meine romantischen Vorstellungen einer Meisterschaft und waren so gar nicht eine Voraussetzung dafür? Wusste unser Meister mehr über uns als wir selbst? Sah er aufgrund seiner besonderen Gaben in uns, dass wir bereit und soweit waren? Vielleicht aber war die Tatsache, dass wir die zweite Einweihung unbescholten überstanden hatten ein Hinweis oder sogar Beweis dafür, dass wir bereit waren? Oder machte alleine die Einweihung aus einem einen Meister? Möglicherweise aktivierte die Einweihung lediglich den Anfang des Weges zur Meisterschaft und diese schritt weiter voran in Form einer Unterweisung durch das Leben oder durch etwas Höheres. Wenn das aber erst der Anfang des Weges war, warum hätten wir dann gleich ab dem nächsten Tag anderen Menschen in die Ferne besserwissend Heilung ohne Ende schicken können? Und wie wussten wir, ob sie ausgerechnet die Heilung brauchten, die uns durch die Einweihung zur Verfügung stand? Erfassten die Symbole, die wir zeremoniell erhielten, vielleicht die ganzheitliche Heilung und damit auch die Lösung für jedes menschliche Problem?

Wie konnten wir als Meister so ahnungslos sein?

Was verstand ich von Alzheimer, Parkinson oder geistiger Verwirrtheit, Psychopathie, gespaltener Persönlichkeit, Diabetes ... um nicht nur die „gewöhnlichen Krankheiten" zu erwähnen?

Klar merkten wir unsere eigene Veränderung, seitdem wir mit den Symbolen arbeiteten. Wir übten, indem wir uns gegenseitig behandelten, legten uns abwechselnd die Hände auf und spürten bald, wie die Hände von Mal zu Mal wärmer, gar heiß wurden. Nach und nach entwickelte ich ein Gespür für den Fluss der Energie und konnte sie in meinem Körper verfolgen, während sie sich anscheinend den heilenden Weg zu der Heilung benötigenden Stelle bahnte.

Das Knarren und Knacksen in der Wohnung bekam auf einmal eine andere Bedeutung. Bei den Einweihungen fiel mir nämlich auf, dass es, während sich der Meister in eine Meditation auf das Einweihungsritual einstimmte, in seiner Wohnung auch an alle Ecken zu poltern begann. Ich fragte ihn dann danach, ob er auch Besucher habe und er meinte nur: „Nein, das ist die Auswirkung der Energie." Wenn er sich einstimmte, begann angeblich die Energie stärker durch ihn und den Raum zu fließen und die dadurch entstehende Spannung erzeugte in der Materie, also auch in Möbeln, Türen, Fenstern etc. Entladungen.

Ach so???!

Dann war das also gar nichts Böses, sondern ein Zeichen, dass wir ein stärkeres, größeres Energiefeld hatten und wir selbst das in der Wohnung bewirkten? Na, das war doch eine andere Sache, oder? Aber warum sagte uns das keiner? Warum befanden wir uns seit fast anderthalb Jahren auf einer Geisterjagd oder besser gesagt fühlten uns von Geistern gejagt? Wozu die ganzen Kristalle, Feng-Shui, Tachyon-Scheiben, Mantras, Symbole und Einweihungen, die wahrscheinlich noch zusätzliche Energiespannungen bewirkten? Soviel Geld hatten wir auf der Suche nach den Ursachen und zur Beseitigung dieser ausgegeben, unter immer größer und größeren Verfolgungsängsten gelitten und jetzt nur so nebenbei – bei der dritten Einweihung – erfuhr ich, dass wir selbst vielleicht die Auslöser und Verursacher des Unheimlichen waren?

Und nicht nur das! Nach so vielen Monaten der Ängste, der Panik und des fast Verrücktwerdens – sollte das nichts Negatives sein, sondern ein Zeichen unseres eigenen Fortschrittes und Entwicklung?! Wenn nicht allgemein, so zumindest im Energiebereich, der ja anscheinend selbstauslösend angefangen hatte, längst bevor wir bewusst verschiedene Therapeuten, Heiler, Meister aufgesucht hatten; noch bevor wir bewusst menschlich technisch-energetisch-spirituelle Methoden beigebracht bekamen, bevor wir von Menschen bewusst eingeweiht worden waren???

Konnte es sein, dass wir uns auf einem bestimmten Einweihungsweg schon längst befanden, bevor wir auf der menschlich-offensichtlichen Ebene zu ihm geführt wurden?

Gab es vielleicht in mir irgendeinen Teil, der mich als Person führte, ohne dass ich es wusste?

Das wäre zumindest eine ungefähre Erklärung, warum die Spannungs- und Entladungsgeräusche auch in der Nacht, während ich schlief, zu hören waren, obwohl ich in diesen Augenblicken bewusst mit der Energie nicht arbeitete, oder doch?! Und auch warum es in den letzten Monaten minutenexakt zu der gleichen Nachtstunde geschah und sogar unabhängig davon, wo ich mich befand. Übernachtete ich zum Beispiel bei meinen Eltern in meinem alten Zimmer, weckte mich ein lauter Knall wie ein Schuss aus der Pistole, der vom Fernseher zu kommen schien, der aber eindeutig vom Strom abgekoppelt war und keine eigene elektrische Spannung haben konnte. Es konnte sich (wie immer) um einen Zufall handeln, aber nicht, wenn es jede Nacht zu gleicher Stunde geschah, unabhängig davon, wo und sogar im welchen Land ich mich befand.

Jetzt hatten wir endlich unsere Einweihungen und unsere Mittel, die uns von den bösen Energien schützen könnten, um gleichzeitig zu erfahren, dass wir es selbst waren, die sich Angst einjagten? Wie pervers war das denn? Aber waren es nicht die anderen gewesen, die uns überhaupt auf die Idee gebracht hatten, dass wir einen Schutz vor etwas (vor uns selbst?) brauchten? Es bedurfte immerhin mehr als ein Jahr Pilgerfahrt durch die Wiener alternative Szene, von einem Heiler und Therapeuten zum nächsten – und dann die Behandlungen von meiner Heilerin bis hin zur Heilungseinweihung und einer Meisterschaft, bis wir erkennen durften, dass die Übeltäter wir selbst waren, die wir versuchten, zu eliminieren. Großartig! So verrückt ist diese Welt.

Nun, wäre es so einfach gewesen und hätte uns dies die gewünschte Ruhe gebracht – hätte es uns also die Angst vor uns selbst genommen, wir hätten nicht schlussendlich aus unserer tollen, neuen Wohnung ausziehen müssen, weil wir es dort nicht mehr aushielten. Aber alles der Reihe nach.

***

Nach der Meistereinweihung erfuhren wir, dass der Zug noch lange nicht in der Endstation angekommen war. Der Meister beherrschte auch noch die Kunst der philippinischen Heilung, die darin bestand, die Krankheit bzw. angeblich auch das kranke Gewebe oder die kranke Energie aus dem Körper unmittelbar zu entnehmen, wie bei einer Operation.

Um uns wahrscheinlich die nächste Ausbildung schmackhaft zu machen oder mich dazu zu animieren, ihm in Wien

Heiltermine mit anderen Menschen zu organisieren, wollte er uns diese Fähigkeit gleich nach der dritten Einweihung und der Vergabe der Meisterurkunde an Ort und Stelle demonstrieren. Wer von uns beiden wollte das gerne am eigenen Leib erfahren? Ich oder mein Mann?

Ich ergriff die Chance und die Möglichkeit, die Ursache meiner jahrelangen Menstruationsbeschwerden ein für alle Male zu beseitigen und legte mich ein wenig zögerlich auf die dafür vorbereitete Liege in seinem Wohnzimmer. Dann fragte er mich, ob ich es auch sehen wolle oder ob er die Operation nur energetisch durchführen solle? Mit anderen Worten gesagt, er fragte mich, ob ich auch Blut sehen wollte, wenn er mit der Hand in meine Bauchhöhle eintauchte und von dort das kranke, geschädigte Gewebe entnahm und die Eintrittsstelle im nächsten Augenblick blitzartig verschloss, als wäre nichts gewesen. Hm, was wäre gewesen, hätte ich ja zum Blutsehen gesagt? Nun. Damals war ich so in die Welt des Meisters eingetaucht, dass ich ihm völlig vertraute und es nicht für nötig hielt, dass er ein blutiges Szenario für meinen Verstand inszenierte. Unabhängig von ihm, las ich ja bei Carlos Castaneda auch über solche Phänomene. Warum sollte es also nicht möglich sein? Vor allem, da unser Meister von einem Termin zum anderen um die Welt reiste und solche Heilungen in der Öffentlichkeit vor den Zuschauern machte – so verstand ich ihn zumindest damals.

Also lag ich einfach dort und verneinte. Nein, ich musste das Blut nicht sehen, damit ich glaubte. Mein Mann stand neben mir, der Meister untersuchte kurz mit seinen Händen meinen Unterbauch, als würde er mit einer Sonde nach etwas suchen. Dann lokalisierte er anscheinend die Stelle, schraubte sich mit seinem rechten Daumen und den restlichen Fingern in meinen Unterbauch, griff fest nach etwas und zog es mit einer schnellen, reißenden Bewegung heraus, während er mit der linken Hand die scheinbar offene Eintrittsstelle an meinen Bauch kontrollierte. Nachdem er sich überzeugt hatte, dass er alles erwischt habe, schloss er die Wunde, nahm ein Desinfektionstuch, säuberte das Behandlungsgebiet wie nach einer echten Operation und dann, dann war es fertig. Ich konnte aufstehen und mich befreit vom Kranken fühlen. Ja! Das war ein oskarreifes Erlebnis, über das ich bis dahin nur gelesen hatte und das ich jetzt direkt an meinem eigenen Leib erfuhr! So eine Ehre, einen Ausnahmemenschen zu kennen, der solch eine Heilkunst beherrschte!

Vielleicht aber war er vor allem ein Illusionist, der mit dem Show- und Placeboeffekt arbeitete, um den menschlichen Verstand auszutricksen und um ihm glaubhaft zu machen, dass er die Krankheit losgeworden sei und dadurch den Selbstheilungskräften die Chance gab, sich zu aktivieren. Ob so oder so, sicher gab es genug Menschen, die darauf ansprachen und denen man auf dieser Weise aus ihrer Misere geholfen hat. Meine Regelbeschwerden sind aber auch mit Hilfe dieser Behandlung nicht besser geworden.

Und ... nein, wir selbst wollten diese Kunst des Heilens und der energetischen Operation nicht erlernen, aber ich wollte auf jeden Fall sehen, ob ich für ihn irgendwelche Heiltermine oder sogar Gruppenheilung in Wien organisieren konnte. So ein Talent durfte doch nicht so, irgendwo in der slowakischen Pampa, untätig versumpfen. Ohne Zweifel gab es in Österreich genug Menschen, die so eine Heilung benötigten, dachte ich mir damals.

Okay! Die ursprüngliche philippinische Heilkunst, für die er angeblich einer der wenigen Originalbevollmächtigten und Eingeweihten in Europa war und direkt bei einem philippinischen Oberheiler lernte, wollten wir nicht erlernen. Aber unser Meister wäre nicht der Meister gewesen, hätte er nicht noch mehr in petto gehabt.

Da war noch etwas: Er konnte uns in das Lehramt heben. Das war angeblich die nächste Stufe nach der Meisterschaft, die sich wieder aus drei Graden zusammensetzte. So hätten wir die Heilung, in die wir soeben eingeweiht worden waren, auch an unsere Schüler weitergeben können; sprich: wir hätten sie auch in die Kunst dieser Heilungsmethoden einweihen dürfen. Wir hätten wahrscheinlich die Teile lernen dürfen, bei denen wir bislang die Augen verschließen mussten. Hier haben wir aber auch dankend abgelehnt, da es uns nie ein Anliegen war, diese Heilungsmethode für andere zu nutzen, geschweige denn, sie zu unterrichten. Ursprünglich waren wir nicht einmal auf die Idee gekommen, uns selbst zu heilen, weil wir uns nicht für Profis auf dem Heilungsgebiet hielten und keine Ahnung hatten, dass es Instrumente dafür gab, die uns dies jenseits des „speziellen" Wissens ermöglichen, obwohl wir natürlich schon von den Selbstheilungskräften gehört hatten.

Bei der ersten Einweihung wussten wir gar nicht, auf was wir uns da einließen, um was es da geht. Wir wussten auch nicht, dass die Technik, in die wir eingeweiht wurden, einen richtigen Namen hatte und dass es sich um ein System handelte, das schon weiter, als wir uns vielleicht vorgestellt hatten, in der westlichen Welt verbreitet war. Wir wollten nur Hilfe in unserer Angelegenheit und vertrauten meiner Heilerin, die meinte, dass wir genau das brauchten und ich nahm es ähnlich „ein" wie Homöopathie, die sie mir schon mehrmals verordnet hatte. Dass sich später daraus eine echte Methode herausstellte, mit der wir eventuell auch andere hätten behandeln können, das war ein „Zufall". Aber war das wirklich ein Zufall?

Vierte Einweihung

Also … wir lehnten die Einweihung zu den Lehrern der Heilung dankend ab, aber der Meister hatte doch noch eine Versuchung! Die sozusagen vierte Stufe der Einweihung. Das war ein Hammer! Da gab es angeblich nur sehr, sehr wenige Eingeweihte, die dies durften: Das Heilen unabhängig von Zeit und Raum! So sollten wir die Heilenergie auch in unsere früheren Leben schicken dürfen, wo sicher einige Wunden, Traumata, Verletzungen und Blockaden entstanden waren, die uns im Jetzt das Leben schwermachten und sich in einigen nicht nachvollziehbaren und mit den niedrigeren Heilstufen unerreichbaren Beschwerden und/oder Krankheiten äußerten. Das war auch eine Erklärung, warum in gewissen Fällen die doch so wirksamen Heilungen nicht oder nur kurzfristig erreichbar waren, die Beschwerden nur gemildert wurden. Und da, wen wundert's, da waren wir selbstverständlich sofort dabei. War es tatsächlich möglich, dass die polternden Energien in unserer Wohnung die Aspekte unseres Selbst waren, die sich aus der Vergangenheit bemerkbar machten und kommunizieren wollten?

Viele Monate verbrachten wir damit, unser Glück mit der beigebrachten Methode zu bemühen. Wir sandten heilende Energien in unsere Vergangenheit, um die Blockaden zu lösen, die sich scheinbar „unglücklich" auf unser aktuelles Leben auswirkten. Wir schrieben Berge von Wünschen, aktuelle oder zukünftige auf, in der Hoffnung eine baldige Fülle, Gesundheit und Zufriedenheit zu manifestieren. Diese Zettel wurden mit entsprechenden Symbolen auf bestimmte Zeiten programmiert und die Arbeit war getan. Ja, so ließ es sich leben! Wenn wir nur gewusst hätten, was wir uns da eigentlich alles wünschten!

Zwischendurch besuchten wir, wie schon fast gewohnt, die Heilerin, die zufrieden die Entwicklung unserer beiden Auren beobachtete, während wir ihr, wie immer, von den neuesten Entwicklungen und Erlebnissen in unseren Leben berichteten. Die geschäftlichen Angelegenheiten besserten sich zwar kaum, aber wir kamen durch den Meister auf die Idee, dass die Ursache doch in anderen Vergangenheiten, in früheren Leben liegen könnte. Die Immobilie, die ein Teil unseres Möchtegern-Projektes war, stammte ja selbst auch aus dem früheren Jahrhundert.

Die Heilerin schien mit unserem Fortschritt, den sie unseren Erzählungen und unserer Aura entnahm, sehr zufrieden, gar angetan zu sein. Zu meinem Mann begann sie sich auf einmal so zu verhalten als wäre er ihr liebster Sohn und mich betrachtete sie plötzlich als ihre Schülerin, sogar Nachfolgerin. Sie meinte, sie werde mich zu ihr in die Ausbildung nehmen und mir einiges von dem beibringen, was sie für richtig hielt. Mich zu fragen, ob ich es auch wollte, schien überflüssig zu sein.

Jedes Mal, wenn wir kamen, schien sie seltsam aufgeregt und ungewöhnlich familiär entspannt zu sein. Statt wie gewöhnlich gleich zu pendeln oder sich in eine Meditation zu begeben und in Trance zu versetzten, um uns weitere Hinweise oder Ratschläge zu geben, setzte sie sich auf ein weites Sofa, machte sich kräftigen Kaffee und rauchte gemütlich eine Zigarette dabei, als wären wir ihre liebgewonnenen Besucher, die zu einem Tratsch vorbeikamen oder als wenn sie sich nach einem schweren Beratungs- und Heilungstag mit uns endlich erholen konnte. Nur waren wir selbst nie besonders familiär, keine Besucher- und Tratschtypen, außer vielleicht im früheren Leben.

Eigentlich hatte ich das Gefühl als wäre etwas verdreht. Obwohl wir für die „Sitzungen" immer noch bezahlten, empfand ich, dass sie dann nicht mehr mit ihrer ungeteilten Heilerinnenaufmerksamkeit bei uns war, sondern dass wir irgendwie auf einmal für sie da waren. Es war uns sehr unangenehm und wir konnten es kaum in dem winzigen Raum, gefüllt mit Rauch der Zigaretten und den Räucherstäbchen bei klarem Bewusstsein aushalten. Sie erkundigte sich bei einem Smalltalk danach, wie weit wir uns nach der Möglichkeit informiert hätten, dem Meister Heilsitzungen in Wien zu organisieren und ob es doch nicht in unserer Umgebung Potential an Menschen gäbe, die vielleicht auch ihre Dienste benötigen könnten. Ich sagte ihr, dass es solche sicher gäbe und dass, obwohl ich eine Geschäftsfrau sei und viele Kontakte quer durch Europa habe, mein Freundeskreis ziemlich klein sei und dass es in diesem Kreis niemanden gab, der für etwas Ähnliches, was wir gerade durchlebten, aufgeschlossen wäre. Umgekehrt, immer mehr Menschen lösten sich aus unserem Leben.

Letztendlich verließen wir jede weitere Heilsitzung mit immer gemischteren Gefühlen. Sie gab uns einen neuen Termin am Ende ihres Tages, angeblich, damit sie mehr Zeit für uns hätte und keiner mehr im Wartezimmer wartete. So trafen wir jedes Mal auf eine graue und erschöpfte Person, die sich in unserer Gegenwart erfolgreich zu regenerieren schien. Wir taten ihr gut. Das war erfreulich. Aber wir fuhren matt, geräuchert und mit einem seltsam flauen Gefühl im Magen nach Hause und brauchten einige Tage, um wieder zu uns zu kommen.

So kam schließlich unsere letzte Begegnung. Ich wusste nicht, ob ich mich geschmeichelt fühlen sollte, dass sie mich in ihre Künste unterweisen wollte. Ich wusste nicht, was das für mich eigentlich bedeuten und ausmachen sollte. Sie sprach nicht mit mir darüber. Das schien ähnliche Ursachen zu haben, wie wir sie schon während der Einweihungen beim Meister erlebten. Anscheinend durfte sie uns noch nichts Genaueres erklären, weil wir es noch nicht erfassen konnten und ihre Strategie war es, uns schrittweise an die Sache heranzuführen. Ob ich sie weiterhin bezahlen sollte oder ich so etwas wie eine auserwählte Schülerin war, so wie sich Don Juan Carlos Castaneda ausgesucht hatte, wusste ich nicht und ganz ehrlich: es interessierte mich auch nicht.

Während der letzten Begegnung ging es darum, dass sie uns mit ihren anderen zwei Schülern zusammenbringen wollte. Es war ein junges Pärchen, so um die zwanzig, dem ich sofort ansah, dass sie der Heilerin absolut hörig waren. Ob ich nur unsere eigene Hörigkeit im Spiegel sah, das wusste ich nicht. Auf jeden Fall war ich aber sofort alarmiert. Das Pärchen unterschied sich von uns in einem heftig: Es hatte kaum irgendwelche Lebenserfahrung und so wunderte ich mich, dass auch sie für die Ausbildung bei der Heilerin ausgewählt waren. Wie kamen so junge Menschen mit dem ganzen unheimlichen Zeug zu Recht? Möglicherweise hatten sie irgendwelche besonderen Fähigkeiten, durch die sie für so etwas vorbestimmt waren. Das konnte ich nicht erahnen. Nun kamen sie mir, in sich gezogen, Händchen haltend, wie zwei junge Welpen vor, die zwar neugierig in die Welt hinter dem Gartenzaun schauten, aber doch kein Bedürfnis verspürten, das Gartentor zu überspringen und die Welt hinter dem Zaun endlich auf eigene Faust zu erkunden. Sie genügten sich selbst, waren verspielt und der Garten, in dem sie lebten, reichte ihnen für ihre Spielereien in dieser Phase ihres Erwachsenwerdens vollkommen aus. Ich ahnte auch nicht, dass sich schon zehn Jahre später besonders solche jungen Leute an mich wenden würden, die hinaus aus ihrem eigenen sicheren Spielgarten geführt worden waren, um ihnen zu helfen, das Gartentor wieder zu finden und zu schließen.

Die Heilerin, wie schon mittlerweile gewohnt, machte sich einen starken Kaffee, zündete sich eine Zigarette an, stellte uns vor, als wären wir bereits ihre fortgeschrittenen Schüler aus einer höheren Klasse und begann uns über sich zu erzählen. Sie schriebe gerade an einem Buch über die Pflanzenheilkunde und werde öfters von Universitäten eingeladen, um dort Vorträge über das alternative Heilen und die Pflanzenheilkunde abzuhalten. Ich weiß nicht warum, aber ihre Erzählung beeindruckte mich nicht und meinen Mann auch nicht. Genauso wenig wie eine weitere Geschichte darüber, wie Studenten heimlich ihre Vorträge aufzunehmen versuchten, obwohl es von ihr ausdrücklich verboten war, aber sie musste sich keinen Kopf darübermachen, weil aufgrund ihrer hohen Schwingung und der besonderen Energien, die Aufnahmen jedes Mal unbrauchbar waren und nur ein Rauschen zu hören war. Hier hörte ich also auch zum ersten Mal von so etwas, das sie Schwingung nannte und wir zwar nicht, aber das junge Pärchen wirkte eindeutig gefesselt. Sie sah sie zufrieden an und entspannte sich. Scheinbar war es genau das, warum sie und wir dort waren. Ich hatte den schweren Verdacht, wir – als die erfahreneren Schüler – trugen zur Untermalung ihrer Wichtigkeit und Besonderheit bei.

Irgendwann, nach dem Austrinken des Kaffees und als von der Zigarette nur mehr ein Stummel geblieben war, stand sie auf und forderte mich auch auf, aufzustehen. Scheinbar war eine weitere Behandlung an mir vorgesehen und sie wollte diese gleichzeitig zu Demonstrations- und Unterrichtszwecken für alle Anwesenden nutzen.

Ihr Befehlston gefiel mir überhaupt nicht und ich merkte, dass mein Liebster auch wach und gleichzeitig unruhig wurde. Und doch nahm ich erneut dankbar an, als sie sich entschied, zum ersten Mal auch physisch ihre Hände auf mich zu legen und letztendlich meine geplagte Wirbelsäule wie ein Chiropraktiker zu behandeln. Nur dass Zuschauer dabei waren fühlte sich nicht gut an. Ich glaubte zu spüren, dass sie deswegen nicht ganz bei der Sache war, also nicht bei mir, nicht bei der Einrichtung meiner Wirbelsäule, die sie mit einigen Griffen und einem Ruck auf eine Seite und einem Ruck auf die andere Seite, begleitet durch lautes Knacken, von Blockaden zu befreien meinte. Im gleichen Moment, wie der Knacks meiner Wirbelsäule in mir ertönte, merkte ich wie mein Mann seine Augen verzweifelt und hilflos verdrehte und mit dem Ganzen überhaupt nicht einverstanden dastand und mir andeutete, wir sollten uns sofort auf den Weg nach Hause machen, bevor ...,

... bevor was eigentlich?

Die Heilerin war aber noch lange nicht fertig, und ich war nicht im Stande, ihr zu widersprechen und mich aus ihrem festen Griff zu befreien. So ließ ich noch ein paar Handgriffe zu und nahm lieber den Ärger meines Mannes in Kauf, ohne zu wissen, welche weiteren Konsequenzen dieser Eingriff und der gesamte Tag noch haben sollten.

Später im Auto erklärte er mir, dass es ihm gar nicht gefiel, wie sie mir so nah kam und dass sie nicht nur mein Energiefeld, sondern auch meinen Körper richtete und er konnte sich nicht erklären warum, aber es fühlte sich für ihn nicht richtig und nicht heil an.

Etwas war nicht in Ordnung! Etwas war (auf einmal?) anders und so kamen wir nie wieder.

***

Was unsere „Meisterschaft" betrifft: Monate später las ich in einschlägigen Zeitungen, dass die Einweihungen in genau das gleiche System auch in Österreich und Deutschland und auch anderswo in Hülle und Fülle zu verschiedenen Preisen in verschiedenen Aktionen und Rabatten angeboten wurden. Und bitte, es schrieb sich das Jahr 2003! Der Eindruck den ich gewann war, dass es keine besondere, sondern gängige Sache in der Szene war, und dass mitunter eine ganz schöne Menge an „Eingeweihten und Meistern" durch die Gegend liefen und die „gekauften" Symbole durch den Äther zwecks Heilung schicken mussten. Fast wie in üblichen bzw. üblen, hinterlistigen Wirtschaftssystemen wurden „gewöhnliche" bzw. hilfsbereite und hilfsbedürftige Menschen und Menschen mit Helfersyndrom angeworben, um sie massenhaft zu „Meistern" (?) in ausgeschriebenen und zahlungspflichtigen Seminaren einzuweihen – verbunden mit der Aussicht auf eine erleuchtete, beratende, therapeutische und ausbildende Funktion und damit verbundenen Verdienstmöglichkeiten im höheren Verwirklichungssinne, geködert mit der marketingähnlichen Sloganisierung des Rufs, ihrer Bestimmung zu folgen und den Menschen und der Welt zur Genesung und einem besseren Leben durch das Ausleben der eigenen höheren Aufgabe, zu verhelfen.

All diese neuen Meister und Lehrer brauchten auch ihre Klienten und ihre Schüler. Schäfchen, die sie letztendlich selbst in die höheren Künste der Heilung, Blockadenlösung, Reinigung, des Schutzes oder sogar des Selbstaufgebens einweihen konnten, damit diese dann auch zu Lehrern wurden und ihre eigenen Schüler und Schützlinge brauchten. Das Wort „Einweihung" schien und scheint bis heute weltweit erfolgreich die Werbetrommeln zu rühren.

Auf einmal erkannte ich einen neuen Wirtschaftszweig und ein Pyramidensystem dahinter und verstand nicht, wie aus einer „heiligen" Sache so ein Massenwerkzeug gemacht werden konnte. Waren wirklich alle diese Menschen dazu berufen und geeignet, in die Kunst der Heilung eingeweiht zu werden? War es möglich, dass diese Einweihungen und diese speziellen Symbole tatsächlich bewirkten, dass es jedem Menschen, unabhängig von seiner Ausrichtung und Veranlagung möglich war, sich selbst und andere zu heilen? Wenn ja, dann sprach nichts dagegen, wenn es sich über die Welt wie ein Lauffeuer ausbreitete. Nur etwas passte mir nicht. Automatisch, wie in der konventionellen Wirtschaft, wurden die einzelnen Therapeuten, Heiler, Meister und Lehrer Konkurrenten, die, um ihr Geld in ausreichendem Maß verdienen zu können, um ihre Schäfchen buhlen mussten und das (!) gefiel mir für die Art, wie ich über die Spiritualität und geistige Heilung nachdachte, nicht. Und nicht nur das, der finanzielle Verdienst vieler hunderttausender Menschen war und ist noch heute davon abhängig, dass andere krank und blockiert sind! Und je mehr Menschen zu Heilern eingeweiht werden umso mehr Kranke werden sie zwecks Geldverdienen brauchen. Was würde mit ihnen allen geschehen, wenn auf einmal alle heil werden und keiner mehr ihre Dienste benötigt? Ist wirklich die tatsächliche Genesung und Befreiung der Menschen noch in ihrem Interesse?

Aber! … Unsere Lektionen in der Welt der Wunder und des Wunderns waren noch lange nicht zu Ende. Umgekehrt, sie stellten erst den Anfang dar. Sie schritten mit einer unvorstellbaren Lichtgeschwindigkeit weiter. Der erste Dominostein war gefallen. Wir konnten die Lektionen nicht mehr anhalten …

Nachwort

– Die Essenz –

„Wer sucht, der findet! Aber was?"

Unsere Erkenntnis aus diesem ganzen Verwirrspiel?

Wer sucht, der findet auch und durch seine Erwartungen, Hoffnungen, Vorstellungen erschafft er schon das Ergebnis im Voraus mit. Ob das aber das ist was er braucht?

Die Konditionierung, das „Heil", von außen kommend zu erwarten, wenn nicht sogar zu fordern, gepaart mit der Angst und Unsicherheit ergeben dann oft nicht nur ein einziges Leben voller Orientierungslosigkeit und scheinbarer Hilflosigkeit. Es ist wirklich hoch interessant, wie die „Krone der Schöpfung", der Mensch, sich so verwirren lassen kann und sich in eine Abhängigkeit von scheinbar den „Stein der Weisen"-Kennenden begibt.

Mein Mann sagte einmal zusammenfassend dazu: *„Ich erfuhr am eigenen Leib, wie schnell das geht und wie ich schon wieder an ein „Wunder" oder „Heilversprechen" glauben wollte; scheinbar unfähig, mein eigenes Wissen und meine Erfahrungen selbstverantwortlich und selbstermächtigt umzusetzen. So braucht es halt seine Zeit, ein paar Jahre oder mehrere Leben (Zeit ist bekanntlich* *relativ), bis das Glas voll ist und man letztendlich bei sich "Selbst" ankommt und sich als (Mit)Schöpfer des Spiels erkennt."*

Das heißt nicht, dass diese (Heil)Angebote schlecht sind. Im Gegenteil. Sie bieten auch eine Art Unterstützung und Ausrichtung auf dem "steinigen" Weg zur Selbsterkenntnis an und sie sind eben (das ist oft das Verwirrende) sehr wirksam und wirklich spürbar. Die Wirksamkeit hängt natürlich von der entsprechenden (Unterstützungs)Person und vom eigenen Entwicklungszustand bzw. -weg ab.

Und wie mir eine der ersten Leserinnen dieses Buches schrieb:

"Die Geschichte zeigt deutlich, dass man sich auf sein eigenes Gefühl ruhig verlassen/vertrauen darf, wenn ein ungutes Gefühl oder gar Zweifel aufkommen. Es gibt eben nicht wirklich jemanden im Außen der besser über uns Bescheid weiß oder uns gar "heilen" kann. Ich denke auch, viele trauen sich gar nicht zu sagen, wenn sie nach einer "Behandlung" nichts spüren. Manches Mal wird einem in den Mund gelegt, was man spüren könnte, denn spricht man die Zweifel an, erhält man natürlich auch immer wieder die gleichen Antworten. Erklärungen lassen sich immer finden, ob sie hilfreich sind oder nicht, steht auf einem anderen Blatt."

Und mein Mann noch:

"Wenn ich tief im Schlamm stecke und um mein (Über)Leben kämpfe, ist mir scheinbar egal, wer mir in diesem Moment die

Hand reicht und in welcher Absicht. Die Frage ist nur: Wie lange glaube ich, ums (Über)Leben kämpfen zu müssen?

Diese „Entwicklungs"-Zeit war für uns sehr dramatisch, aber auch sehr erkenntnisreich. Auch als „wissender" und „erfahrener" Energietherapeut habe ich meine weiteren „Grenzen" erfahren und am eigenem Leib erlebt, wie die „Magie" der Energiearbeit unendlich viele Möglichkeiten und Ausformungen annehmen kann. Die in diesem Buch geschilderten Erlebnisse sind nur der Anfang und ein kleiner Ausschnitt unseres gemeinsamen Heilwerdungsweges."

Letztendlich geht jeder seinen individuellen (Erlebens)Weg und muss für sich selbst entscheiden, was und wie lange er „etwas" braucht und was er sich davon nimmt, was er daraus lernt.

Von den ersten Lesern wurde ich auch gefragt, wie es dann weitergegangen ist und was aus meinen Kopfschmerzen geworden ist. Nun, da unser Weg hier erst am Anfang und nicht zu Ende war, würde ich mir die Antworten für mein weiteres Buch aufsparen. In diesem Buch war es mir in erster Linie wichtig aufzuzeigen, dass wir viele Antworten nach denen wir rund um die Welt suchen, bereits in uns haben, diese aber nicht als solche erkennen. So sind Umwege oft wichtig, damit wir in einen gewissen Abstand von dem geraten, dem wir so nah sind, dass wir es nicht mehr wahrnehmen oder es für eine wertlose Selbstverständlichkeit halten. Zweck Wertschätzung müssen wir auch scheinbar immer wieder etwas verlieren um es sich dann doch „schwer" zurückzuerkämpfen. Dies ist aber nur so lange notwendig, so lange wir einen Wert nur dem Harterkämpften und Schwerverdienten geben.

Lassen wir los und nehmen wir die Möglichkeit an, dass alles was etwas mit uns selbst zu tun hat, uns so natürlich ist, dass es sich meistens wie das Einfachste der Welt anfühlt.

Sind wir also schon bereit dem Einfachsten der Welt einen Wert zuzuschreiben und es wertzuschätzen?

– Kristina Hazler –

Aktuelle Artikel der Autorin Kristina Hazler sowie Informationen zu Ihrer Beratungs-, Coaching-, Training- und Therapietätigkeit u.a. auch zum Thema Hochsensibilität, Genialität, Aspektologie ... und ganzheitlichen physischen, psychischen und energetischen Konditionsaufbau finden Sie unter:

www.KristinaHazler.com

Bücher der Autorin, aktuelle Textartikel und Ausbildungseinheiten zum Download, finden Sie in unserem online-Shop wo Sie auch Seminare und Beratung direkt buchen können:

www.BewusstseinsWelten.com

Erwachen im MenschSein

„Das Experiment"

ISBN: 978-3-903014-03-9

„Das Experiment – Erwachen im MenschSein" ist ein aufregender, intensiver und geistig stark fordernder Roman zur Selbsterkenntnis und Selbstfindung mit intuitiven Heilungselementen und hervorgehobenen Essenzen. Die durch eine Vielzahl von Spannungselementen, plastischen Darstellungen und überraschenden Wendungen geprägte Geschichte eignet sich für den Leser hervorragend als Begleit- und Hilfsmittel zum eigenen Unbewussten und Erkennen des eigenen Ich.

Der Mensch und seine Heilung

„Das göttliche Puzzle"

ISBN: 978-3-903014-00-8

Mit viel Gefühl und Phantasie führt die Autorin die Leserinnen und Leser mittels bunten Gedankenbildern und anschaulichen Beispielen durch die spannenden Zeilen des Buches und fordert sie auf, aus den eingefahrenen und vorgegebenen Vorstellungen, Überzeugungen und Verhaltensmuster auszusteigen, besser in sich selbst hinein zu hören und sich mehr bewusst zu werden. Akribisch, detailgenau und physisch fast spürbar legt sie den Beweis vor, wie der erste Schritt zur Heilung im eigenen Erkennen liegt.

BewusstseinsCoaching 1

„Das menschliche Paradoxon"

ISBN: 978-3-903014-04-6

Die als Bewusstseinscoach erfolgreiche Autorin beschreibt im Teil 1 der mitreißenden CoachingDialogen sehr persönlich und anschaulich die Möglichkeiten einer bewussteren Erfahrung unseres Selbst und unseres eigenen Lebens. Sie nimmt in ihren Geschichten den Leser mit auf eine packende Reise zum Verstehen und Erkennen des eigenen Ich. Durch eine ganz andere Betrachtungsweise und aus einem völlig veränderten Blickwinkel heraus leistet Kristina Hazler Hilfestellung, die Probleme etwas anders zu betrachten und zu erleben.

BewusstseinsCoaching 2

„Die verkehrte Logik"

ISBN: 978-3-903014-06-0

Dieses Buch ist der 2. Teil der aufbauenden Bewusstseins-Coaching-Reihe und spricht verschiedene „Virusprogramme" unseres menschlichen Systems an, die wir in unserem Alltag unbewusst als „verkehrte Logik" ausleben und aus ihr heraus eine Art verkehrter Welt um uns herum aufbauen. Der Weg aus dem „Verkehrten", also zurück zu eigener Essenz und dem Natürlichen ist möglich, durch das Erkennen verdrehter Logik in unserem Leben und die Besinnung auf die natürliche, natürlich-logische Welt, die von der verkehrten nur überlagert wird.

BewusstseinsCoaching 3

„Die Kunst der bewussten Wahrnehmung"

ISBN: 978-3-903014-01-5

Dieses Buch ist der 3. Teil der aufbauenden Bewusstseins-Coaching-Reihe und beleuchtet die „Kunst der bewussten Wahrnehmung", wie auch die vielen „Warum"-Fragen, die in unserem Leben auftauchen. Nach der verkehrten Logik aus dem Band 2 führt dieser Band wieder einige neue Begriffe, wie zum Beispiel den Wissenstransfer, ein und stellt die Technik der Kontrastmittel und der bewussten Wahrnehmung als weitere BewusstseinsInstrumente vor, während er uns nach und nach in einen Zustand begleitet, in dem wir fähig sind, unser eigenes „höheres" Wissen ins Menschliche zu bringen, zu transportieren.

BewusstseinsCoaching 4

„Grenzgänger I"

ISBN: 978-3-903014-02-2

Wir leben in der Zeit der geistigen und seelischen Herausforderung. Wir überschreiten täglich unsere persönlichen (Schatten)Grenzen, die uns durch Erziehung und Ausbildung in die Wiege gelegt worden sind. Und doch sollen wir uns immer wieder ein Stück aus dem Geschehen herausnehmen, um kein gejagter und getriebener Grenzgänger zu sein und einen Augenblick in der Liebe zu all den Grenzen, die wir bereits passiert haben, zu verweilen, um uns selbst, dank ihnen, in einem Spiegel der erfolgreich gemeisterten Herausforderungen zu sehen und anzunehmen.

BewusstseinsCoaching 5

„Grenzgänge II"

ISBN: 978-3-903014-05-3

Dieses Buch ist der zweite Teil von „Grenzgänge", das als Teil 1 im Band 4 von BewusstseinsCoaching erschienen ist. Die „Grenzgänge" beleuchten verschiedene Arten von Blockaden, die uns unbewusst in Form von inneren Grenzen, energetischen Stauseen und Dämmen, die uns in einer Art künstlicher Welt einsperren, unseren Horizont verengen und das berühmte Hamsterrad am Laufen halten. Und was wenn die Grenzen fallen und die Dämme brechen und die Energie, das Bewusstsein, sich wieder zu bewegen beginnen? Worauf sollten wir achten um optimal auf „Neues" vorbereitet zu sein?